AF474484

R.CHASSAING 1977

PIERRE GUÉNOLÉ

L'Étrange Passion

LA FLAGELLATION DANS LES MŒURS D'AUJOURD'HUI

Etudes et Documents

PARIS

FICE CENTRAL DE LIBRAIRIE

36, … DU BAC, 36

L'Étrange Passion

PIERRE GUÉNOLÉ

L'Étrange Passion

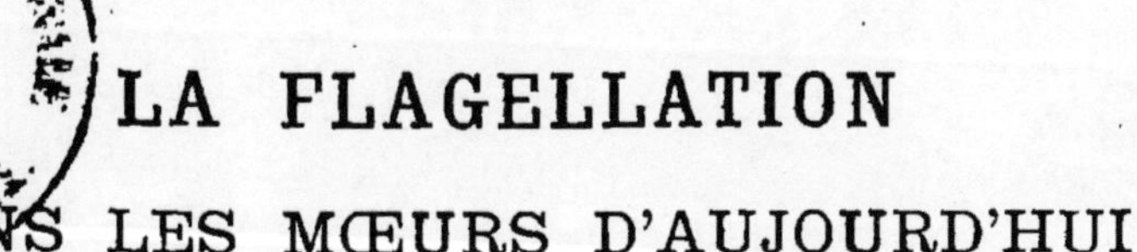

LA FLAGELLATION DANS LES MŒURS D'AUJOURD'HUI

Etudes et Documents

PARIS
OFFICE CENTRAL DE LIBRAIRIE
36, RUE DU BAC, 36

PRÉFACE

Le présent volume est, avant tout, un livre de bonne foi, sérieux, nous n'entendons pas dire grave, — le sujet traité n'étant pas précisément fait pour engendrer la mélancolie, — et qui s'attache à être aussi véridique que possible en une matière où la véracité est d'habitude assez peu respectée.

Nombreux sont, en effet, les ouvrages écrits jusqu'aujourd'hui, et particulièrement en ces temps derniers, sur la flagellation. Les uns sont des œuvres purement obscènes, vendues clandestinement; les autres, en nombre plus restreint, ont des allures d'érudition et sont publiés avec un certain luxe et à des prix en général assez élevés; ils n'en demeurent pas moins, pour la plupart, de simples fantaisies.

Et pourtant le sujet mérite une étude sincère, car la flagellation est devenue une des formes favorites de la débauche contemporaine. Puisqu'elle est entrée dans nos mœurs, — les mauvaises bien entendu, — il nous a paru opportun d'étudier cette passion, ne serait-ce que pour faire bonne justice de toutes les extravagances littéraires qu'elle a inspirées.

C'est une tâche un peu scabreuse, nous ne saurions nous le dissimuler, car nous ne pouvons laisser de côté la partie anecdotique, les raisonnements ne pouvant s'établir que sur des faits précis; mais nous serons plutôt sobres sous ce rapport, dussions-nous encourir le reproche des amateurs de croustillants récits, nous serons sobres, disons-nous, et pour une bonne raison: ces sortes d'exercices se passent en général à huis clos et sans autres témoins que les propres acteurs. Lors même qu'un grave papa ou une vertueuse maman juge, de temps à autre, à propos d'inculquer par une fessée les bons principes à une turbulente ou rebelle progéniture, la chose se fait, en général, dans la plus stricte intimité, et s'il y a jupe retroussée ou pantalon rabattu, c'est dans le mystère de la chambre à coucher. S'agit-il d'un adulte qui trouve dans ce châtiment enfantin, appliqué par une experte et complaisante matrone, de voluptueuses sensations, il se gardera bien de crier sa passion par dessus les toits. Tels qui se vanteront volontiers de leurs bonnes fortunes, qui se poseront à tout venant en Don Juan, qui vous rebattront les oreilles de leurs prouesses auprès des femmes mariées ou des vierges, qui inventeront des conquêtes s'ils n'en ont pas à leur actif, et Dieu sait si cette catégorie de hâbleurs est nombreuse sous la calotte des cieux, tels, disons-nous, rougiraient bien fort s'ils étaient convaincus de se livrer à la passion de la verge ou du martinet.

C'est pourquoi il y a lieu de tenir pour très suspectes les anecdotes dont les ouvrages spéciaux, auxquels nous faisions allusion plus haut, affirment l'authenticité, et d'ailleurs, il faut bien le dire, en pareille matière, rien ne ressemble plus à une histoire vraie qu'une histoire fausse, celle-ci pouvant être fort vraisemblable.

On a mené grand bruit, il y a quelque vingt ans, autour d'une enquête ouverte par une revue anglaise, *The English woman domestic Magazine*, sur la flagellation à l'école et dans la famille. A cette occasion, le journal en question publia dans ses colonnes une série d'histoires, plus ou moins saugrenues, de fessées administrées dans les pensionnats de jeunes filles, non pas seulement à des bambines de quelques années, mais à de grandes misses de seize, voire même dix-huit et vingt ans, et cela avec un luxe étonnant de mise en scène, un cérémonial méthodiquement réglé, quelquefois à huis clos, mais le plus souvent en public, c'est-à-dire devant toute une classe, toute l'école même, y compris les servantes; le pasteur de la paroisse est même, de temps à autre, invité à présider ces petites cérémonies! Et les détails abondent sur la façon dont sont déshabillées les coupables, sur leurs vêtements intimes, sur l'ampleur de leurs formes, sur leur humiliation lorsque leur nudité est exposée aux regards d'une assistance avide; on note les cris de douleur que leur arrachent les cinglades de la main ou de la verge sur leur chair nue. Ici, c'est une institutrice indignée (?) qui raconte que, menacée de perdre sa place pour une peccadille, elle dut consentir à se laisser fouetter par la maîtresse de pension, et qu'elle apprit plus tard que l'exécution avait eu des témoins mâles cachés derrière une tapisserie. Là, c'est une maman impuissante à châtier les impertinences de sa fille, vigoureuse gaillarde de dix-huit ans, qui la fait fouetter par son oncle, etc., etc. Tout cela fait méthodiquement, posément, imperturbablement. N'est-ce pas à pouffer de rire!

Bien qu'une revue anglaise ait jugé devoir les publier dans toute leur graveleuse crudité, ces histoires stupides ne prouvent rien. La seule conclusion à en tirer, c'est que les éditeurs ont servi à leurs lecteurs des anecdotes écloses dans l'imagination de leurs rédacteurs, ou qu'il s'est trouvé un certain nombre de maniaques heureux de fournir à cette bizarre enquête une collaboration de fantaisie, et dans laquelle ils trouvaient la satisfaction de leurs propres penchants. Le principal but de l'*English woman domestic Magazine* et de quelques autres revues qui reprirent la question, dut être de faire acheter ces publications assez peu connues. Nous ne doutons pas qu'elles n'y aient réussi, pour un certain temps du moins.

Disons en passant que ces pseudo-enquêtes, traduites dans un ouvrage français, ont inspiré un nombre assez considérable des productions littéraires dont nous parlions en tête de cette préface.

Nous croyons avoir expliqué suffisamment ce que nous voulons faire et ce que nous voulons éviter. Nous espérons que nos lecteurs nous sauront gré du principal mérite de notre œuvre : la sincérité.

PREMIÈRE PARTIE

LA FLAGELLATION DANS LA FAMILLE

CHAPITRE PREMIER

Ancienneté de l'emploi de la flagellation. — Sa raison d'être parmi les punitions infligées aux enfants. — Son inconvénient au point de vue de l'excitation génésique. — Jean-Jacques Rousseau et Mlle Lambercier. — A quel âge doit cesser la punition du fouet pour les enfants.

Flagellation est un bien gros mot pour désigner une chose de mince importance. Le bon vieux terme de « fessée » nous semble ici beaucoup mieux à sa place.

La fessée a été de tout temps un moyen employé par les parents pour réprimer les écarts de conduite de leurs enfants en bas âge, et nous ne serions nullement étonnés si quelque érudit venait un jour, avec preuves à l'appui, nous démontrer que notre grand'mère Eve donnait le fouet à Caïn et à Abel quand ils n'étaient point sages. Il nous paraît totalement inutile d'aller chercher dans la Bible ou dans le Coran de concluantes citations. Le fait est avéré et, de plus, parfaitement logique.

L'éducation d'un jeune enfant ne s'effectue pas sans quelques corrections indispensables, soutenir le contraire est une niaiserie; l'enfant possède en lui de bons et de mauvais instincts, pour extirper ces derniers qui ne demandent qu'à s'épanouir, il y a d'abord le raisonnement; mais, dans ses premières années, l'enfant est incapable de le comprendre et il ne produit sur lui aucune empreinte; il y a ensuite les punitions d'ordres divers telles que la mise en pénitence, les privations de dessert, le pain sec et l'eau, etc., mais elles ne peuvent être efficaces qu'à un certain âge et, à cet âge même, elles produiraient, en général, un effet opposé à celui que l'on attend, c'est-à-dire une irritation et un mauvais vouloir plus marqué si le délinquant ne redoutait un ultime châtiment : la correction manuelle. Ceci est vrai, envers et contre tous les sophismes de certains philosophes qui proscrivent les punitions corporelles comme attentatoires à la dignité humaine! La dignité humaine chez des enfants de sept ans est passablement drôle!

Donc, puisque punition corporelle il y a, quelle est celle qui semble le plus logique? Une gifle est évidemment bien vite donnée, et, sans faire de statistique précise, nous pouvons affirmer, et personne ne nous contredira, qu'il s'en distribue chaque jour une sérieuse quantité. Mais la gifle, toute simple qu'en soit la formule, dépasse quelquefois le but. D'abord, l'enfant obéissant à un instinct tout naturel, cherche à l'éviter en encadrant sa figure de ses deux bras : il faudrait dégager celle-ci, mais cela n'est pas aisé, le jeune rebelle employant toute sa force à se garantir et, comme le papa ou la maman opèrent toujours *ab irato,* la gifle s'abat sur le derrière de la tête. Cela présente un gros inconvénient, car si elle est appliquée un peu forte, elle peut occasionner un ébranlement cérébral dangereux, et, même appliquée sur la joue, elle n'est pas moins fâcheuse, et l'on a vu des soufflets appliqués par des parents trop en colère ou à la main trop lourde produire des inflammations et de véritables fluxions.

C'est pourquoi, plus sages et plus avisés, bon nombre de parents prennent sous leur bras le jeune délinquant et, mettant à nu son postérieur, le cinglent de quelques claques bien sonores : c'est court, cela cuit un peu, mais ce n'est pas dangereux. Les fesses semblent donc l'endroit désigné par la nature elle-même pour appliquer les châtiments corporels chez les enfants. C'est, croyons-nous, l'opinion du plus grand nombre, et nous ne voulons que constater le fait sans le discuter davantage.

Mais si ce mode de procéder est le plus logique et le plus rationnel, il ne faut pas oublier qu'au-delà d'un certain âge son emploi devient assez scabreux. Ceci nous amène à ouvrir une parenthèse. La fessée, il est à peine besoin de le rappeler ici, tant le fait est connu et indiscuté, a pour effet de stimuler le sens génésique, et l'explication en est toute simple. Les cinglades, appliquées sur les fesses avec la main, les verges, le martinet, la cravache ou tout autre instrument provoquent à la surface de la peau un appel de sang, non pas seulement sur les parties frappées, mais sur les parties voisines; or le voisinage des parties sexuelles fait qu'elles sont soumises à ce flux de sang, et il en résulte une érection presque instantanée du membre viril; mais la cinglade n'est pas le seul agent qui opère en cette circonstance; la sensation de la nudité devant témoins joue un rôle au moins aussi important. Cela est si vrai que si l'on applique la fessée *par-dessus* les vêtements, fut-elle trois fois plus rude, la douleur sera seule perçue et la sensation génésique à peine éprouvée. Nous irons plus loin : on a vu des enfants déshabillés pour être fouettés, présenter des symptômes visibles d'excitation génésique avant même d'avoir été frappés, et sous la seule impression de leur état de nudité, et le même effet se produire sur des jeunes gens à la simple menace de ce châtiment. Il y a donc là un effet cérébral autant que physiologique, et l'explication technique que nous donnons plus haut est vraie surtout quand la flagellation est appliquée comme curatif de l'impuissance génitale.

Jean-Jacques Rousseau, que l'on cite invariablement en pareille matière, a su, avec la merveilleuse souplesse de son style, exposer en termes décents un sujet d'autant plus scabreux qu'il s'agissait d'un cas qui lui était personnel. Etant enfant, il fut fouetté par Mlle Lambercier chez qui il était élevé, pour quelque méfait récidivé et après quelques menaces non suivies d'exécution; de ce châtiment appliqué sur son derrière, il conserva un souvenir plutôt plaisant, si bien qu'il se trouva, par la suite partagé entre le désir de ne pas mécontenter sa gardienne et l'attrait du châtiment attendu. Il ne fit rien pour le mériter, mais il ne chercha pas à l'éviter, et, quand Mlle Lambercier le fouetta pour la seconde fois, elle s'aperçut de l'effet produit et cessa désormais de le punir de cette façon, ce dont J.-J. Rousseau fut, comme il l'avoue, fort marri. Il a soin d'ajouter que le même châtiment infligé par M. Lambercier ne lui eût paru nullement plaisant.

Hanté désormais de cette idée fixe, Jean-Jacques, qui ne connaissait d'ailleurs de la femme que ce qu'un vague instinct lui faisait pressentir, qui ignorait tout, par conséquent, de l'accouplement des sexes, Jean-Jacques voulut voir en pensée dans chaque femme autant de demoiselles Lambercier. Il essayait d'étaler sa nudité en se faisant, par exemple, surprendre dans l'accomplissement d'un besoin naturel, exempt d'ailleurs de l'idée obscène proprement dite, car il ne se montrait que de dos, et n'aurait jamais songé à se faire voir de front.

Si l'on considère que Jean-Jacques était élevé en pleine campagne, loin de tout exemple impur, à une époque où, si les mœurs de la noblesse étaient dépravées, les mœurs de la bourgeoisie et du peuple étaient honnêtes, on concluera qu'il s'agissait là d'un instinct, non communiqué, mais tout personnel et spontanément éclos sous l'influence de la nature elle-même. Ceci posé, on peut se demander ce qu'il peut en être pour les enfants de notre époque qui vivent dans un milieu autrement dissolvant, ceux de nos grandes villes particulièrement, quelque soin que l'on prenne de leur éducation.

Nous fermons ici cette longue parenthèse et revenons à notre point de départ. A partir de quel âge la fessée appliquée aux enfants peut-elle avoir des inconvénients? A l'âge où la sensualité de ceux-ci commence à s'éveiller, et cet âge ne dépasse guère celui de la première enfance. Il est évidemment difficile d'émettre à cet égard une règle fixe, mais à sept ans les enfants ne devraient plus être fouettés. Cela s'applique surtout aux garçons, chez qui l'éveil des sens est beaucoup plus précoce que chez les filles. Il est, bien entendu, des parents qui abandonnent ce genre de châtiment bien plus tôt, mais il en est d'autres qui le prolongent bien plus tard. Chose bizarre à dire, mais pourtant réelle, plus la fessée est rigoureuse, moins elle présente de dangers. En effet, fouettez légèrement une fillette ou un garçonnet : la jupe une fois retombée, ou le pantalon reboutonné, toute impression cuisante a disparu, il ne demeure sur les parties intéressées qu'une légère sensation de chaleur, agréable comme une caresse, et très propre à développer prématurément la sensibilité génésique. Une vigoureuse fessée, au contraire, bien cinglante, ne laisse qu'une impression de souffrance, de douleur physique qui chasse toute autre impression.

CHAPITRE II

Comment une maman peut, par occasion, corriger un grand garçon. — Un potache fouetté en famille. — Inadvertance de certaines mères vis-à-vis de leurs fils. — Adoucissement actuel de la discipline familiale. — Une mère terrible, il y a trente ans. — Les filles sont-elles moins souvent corrigées que les garçons.? — Fâcheuse histoire d'une fillette volontaire.

Nous avons dit que certains parents, plus nombreux peut-être qu'on ne le pense, fouettent encore leurs enfants dans de graves circonstances, alors que ceux-ci sont devenus presque des jeunes gens, et cela, bien entendu, sans la moindre arrière-pensée; nous en avons connu maints exemples. Le fait s'explique assez facilement. Dans la classe populaire, mais surtout dans la petite bourgeoisie, en particulier, la mère de famille s'occupe activement des enfants, même lorsqu'ils sont grands, surveille la confection des devoirs, préside à la toilette, veille à ce que les oreilles soient propres et les ongles nettoyés, et se préoccupe surtout de la toilette du corps, qui serait souvent négligée si elle n'y prenait garde; c'est elle-même qui, souvent, lave l'enfant et l'essuie de la tête aux pieds, ou qui lui fait exécuter cette opération devant elle; l'adolescent est nu, elle n'y prête pas plus d'attention que lorsque c'était un baby de cinq ans; pour elle, aujourd'hui est à cet égard comme hier, et demain sera comme aujourd'hui : le jeune homme actuel est toujours le bébé d'autrefois; la candeur des mères a de ces naïvetés ! En cette situation, le gaillard regimbe-t-il, veut-il escamoter les ablutions qui l'ennuient, le postérieur est là, à portée de la main, et quelques claques sur les fesses sans défense sont bien vite administrées... D'autres fois, et souvent c'est le lever, surtout en hiver, qui provoque de sommaires exécutions; on est si bien dans le lit, que le jeune homme ne se décide à en sortir qu'après des sommations réitérées; mais il arrive aussi que la mère de famille impatientée arrache draps et couvertures et, par quelques bonnes claques sur le derrière, relève son fils du péché de paresse. Quand l'autorité de la mère est insuffisante, c'est le papa qui intervient, mais en général cette intervention est réservée pour les grandes circonstances, et elle est assez rare, car les garçons, presque toujours hésitent beaucoup plus à encourir la colère paternelle que la colère maternelle, sachant que dans le premier cas la répression est toujours plus énergique.

Il arrive quelquefois que des parents n'ayant jamais fouetté leurs enfants usent spontanément de cette punition dans un moment de colère, témoin cette anecdote dont nous garantissons l'authenticité. Un haut fonctionnaire d'une grande administration ayant un fils de quinze ans au Lycée eut un jour le soupçon que les notes scolaires remises par ce dernier étaient habilement falsifiées. Il se renseigna au Lycée et fut pleinement édifié.

Rentré à la maison, il mande le coupable et lui apprend avec calme que son manège est découvert; celui-ci, atterré, ne répond rien. Alors, en présence de la maman qui essaie vainement d'intervenir, et de la bonne qui met le couvert, il déculotte l'infortuné potache et lui administre une de ces fessées qui font époque dans la vie d'un homme. Il faut noter que le monsieur en question est un père de famille des plus tolérants, qui n'avait peut-être pas donné auparavant à son fils une tape en cinq ans.

Dans les familles où il y a garçons et filles, le fouet est un mode de punition beaucoup plus rare; il y aurait, en effet, au point de vue moral, un assez grave inconvénient à faire assister les filles à la punition des garçons et réciproquement, et les parents prudents s'attachent au contraire, dans la mesure du possible, à séparer les sexes aux heures du lever, du coucher ou de la toilette; ce qui, dans les logements coûteux et étroits des grandes villes, ne laisse pas d'être souvent une sérieuse difficulté. Dès l'âge de dix à douze ans, un garçon a déjà l'esprit très en éveil sur certaines circonstances qu'on s'attache au contraire à lui dérober et, fréquemment, c'est la mère de famille qui, sans le vouloir, est sa première initiatrice. Une maman restera très bien en chemise ou en jupon, les bras nus devant son fils lorsqu'il n'a encore que l'âge ci-dessus; elle le croit trop jeune pour y voir un inconvénient. C'est une erreur, le gamin fait semblant de ne pas voir et il a les yeux grands ouverts; par l'échancrure de la chemise, il verra très bien la poitrine de sa mère, il essaiera de distinguer la silhouette de son corps à travers le mince tissu de son unique vêtement, et si, assise sur une chaise ou dans un fauteuil, elle enfile ses bas, met ses jarretières ou se chausse devant lui, il saura se retourner au bon moment et glisser un rapide coup d'œil sur les parties imprudemment exposées. Donc, pour le jeune garçon, la maman est aussi bien vite une femme, et les mères circonspectes ne devront pas perdre cela de vue en corrigeant leurs enfants.

Bien qu'elle n'ait pas disparu, et qu'elle ne doive jamais disparaître, la discipline familiale a certainement de nos jours perdu beaucoup de sa sévérité d'autrefois. Les corrections manuelles, nous l'avons reconnu, sont encore fréquentes, mais elles ont perdu, en général, le caractère méthodique et dogmatique, pour ainsi dire, qu'elles avaient autrefois. Certains parents poussant un peu loin l'amour de la classification, établissaient une échelle de punitions commençant à la réprimande pour continuer par la privation de dessert et se terminer par la fessée. Existe-t-il encore des représentants de cette espèce? C'est possible, en tout cas ils doivent être rares, et, dans les familles de nos jours, il existe entre les parents et les enfants plus de familiarité, le respect apparent des derniers pour les premiers en souffre peut-être un peu, mais l'affection n'a rien à y perdre, bien au contraire.

Un de nos amis nous racontait à ce sujet un souvenir tout personnel. Quelques années après la guerre de 1870, élève dans un grand lycée de la rive gauche, il fréquentait assidument le Luxembourg où il faisait, après la classe, de longues parties de barres ou de balle au chasseur. Il faisait partie d'un groupe assez nombreux de jeunes gens et de jeunes filles s'ébattant sous la surveillance de nombreuses mamans. Une dame surtout l'intriguait fort : petite, l'aspect dur, laide, le teint noir, toujours en grand deuil, elle venait régulièrement avec ses cinq enfants deux garçons dont l'aîné qui avait alors seize ans et trois filles dont la plus jeune était âgée de sept ans. Toute cette smalah marchait au doigt et à l'œil, ne s'écartant pas d'une limite tracée, ne se salissant pas, ne jouant pas aux jeux bruyants, et, pour la moindre infraction aux ordres de la maman, obligés à rester contre un arbre pendant un quart d'heure. Cette sévérité avait vivement frappée notre ami qui professait pour cette dame une antipathie instinctive. Un jour, le fils aîné et la plus âgée des filles qui allait avoir quinze ans ne parurent pas à la récréation. Notre ami, pour en savoir la cause, interrogea la fillette de sept ans qui lui répondit à voix basse et en grand mystère, qu'ils s'étaient disputés et avaient renversé un encrier sur la table et qu'alors la maman les avait fouettés et privés de récréation. Comme bien l'on pense, la nouvelle fit vite son chemin, aussi bien dans le clan des parents que dans le clan des enfants, auprès desquels elle prenait les proportions d'un événement énorme. Le lendemain, le malheureux jeune homme fut questionné à voix basse par ses camarades. Rouge d'humiliation il nia le châtiment, mais on sut plus tard par les indiscrétions d'une bonne, que la fessée était l'unique moyen de discipline en usage dans la famille que la mère en usait avec la plus grande sévérité, et qu'il ne se passait pas de semaine qu'il n'y eût une ou deux exécutions. La correction était toujours appliquée sur le derrière nu, mais les enfants n'étaient jamais fouettés l'un devant l'autre.

La dame en question était veuve d'un haut magistrat de l'Empire ; très dévote, elle allait à la messe presque tous les jours et communiait une fois par mois ; agissait-elle sincèrement et croyait-elle appliquer les principes d'une bonne éducation ? Croyait-elle agir pour le bien de ses enfants en les châtiant de cette façon ? Appliquait-elle en toute conscience la fameuse maxime : « si tu aimes ton enfant, ne lui épargne pas la verge » ? Était-elle, en un mot, inspirée par un bigotisme étroit, et pensait-elle rendre ses enfants plus vertueux en les punissant sévèrement de leurs fautes, ou bien agissait-elle sous une impulsion de sensualité inconsciente qu'il nous est inutile de définir ? Les deux hypothèses sont plausibles, bien que la première nous semble plus vraisemblable, la seconde indiquant un caractère infâme qu'il répugne de prêter à une mère de famille.

On remarquera que dans les paragraphes qui précèdent, nous avons surtout envisagé le cas des garçons, nous dirons quelques mots des corrections manuelles appliquées aux filles.

En dehors de leur toute première enfance, les filles sont moins exposées que les garçons aux corrections de leurs parents, et voici pourquoi : la petite fille reste davantage à la maison, elle est moins turbulente, moins tapageuse, joue à des jeux plus paisibles tels que la poupée ou le ménage, et, demeurant beaucoup plus avec sa mère, a beaucoup moins qu'un garçon l'occasion de mal faire; de plus, ses études ont, en général, moins d'importance et, de ce chef, les sujets de remontrances et de punitions sont moins graves et moins nombreux ; enfin, elles ne songent pas à s'émanciper de bonne heure comme les garçons qui aspirent à jouer à l'homme, et qui se sentent grandir de cent coudées lorsqu'ils ont fumé en cachette leur première cigarette ! Aussi, dans la classe bourgeoise, est-il plutôt rare de voir une fillette fouettée par ses parents.

Chose assez piquante : dans les quelques cas exceptionnels que nous avons pu noter autour de nous, c'est presque toujours le papa qui est l'exécuteur des hautes œuvres. Invité un jour à déjeuner chez un fonctionnaire colonial qui demeurait aux environs de Paris, nous dégustions tous deux le café au fumoir tandis que les dames étaient au jardin ; un colloque animé nous fit mettre à la fenêtre à un moment donné : c'était la maîtresse du logis qui ordonnait à sa fille en train de jouer au croquet d'aller mettre son chapeau de paille et, comme celle-ci refusait de se déranger, elle l'avait menacée de le dire à son père. « Ça m'est bien égal » avait été la réponse de la douce enfant. Alors, sans mot dire, le papa descendit au jardin, prit la demoiselle par la main, la fit malgré sa résistance et ses supplications monter avec lui, et rentrant au fumoir, la campa sous son bras gauche ; tranquillement et sans se presser, en dépit des ruades de la demoiselle qui battait l'air des ses jambes potelées, il releva jupes et jupons, déboutonna l'élégant petit pantalon, et sur le postérieur nu, déjà fort rondelet (la demoiselle allait avoir douze ans), il appliqua une vingtaine de claques qui eurent vite fait de rougir les parties exhibées. La fillette, pendant ce temps n'avait cessé de supplier et de demander pardon. Elle fut renvoyée, la figure noyée de larmes, empourprée de confusion se rhabiller au jardin, où profondément humiliée, elle n'osait faire sa réapparition.

Tout en s'excusant d'avoir rendu son invité témoin de ce drame domestique, le papa expliqua que pendant ses longs séjours aux colonies, la fillette, trop gâtée par sa mère et ses grands-parents, était devenue d'un caractère insupportable, volontaire à l'excès, faisant des scènes à tout propos et que lui-même à son dernier retour en France, avait été obligé d'entreprendre la réforme de cette indisciplinée jeune personne : raisonnements, réprimandes, privations de toutes sortes ayant été inefficaces, il l'avait menacée du fouet laquelle menace l'avait simplement fait rire. Un jour, sa mère lui donna un léger soufflet pour la punir d'une impertinence, et l'enfant, entrant dans une violente colère, avait levé la main sur sa mère ; c'en était trop, et le papa intervenant lui avait donné par-dessus son pantalon quelques claques sur le derrière : ce fut alors une fureur inexprimable, et la jeune Marthe s'était roulée à terre, les traits convulsés, si bien qu'il fallut, pour la calmer, lui jeter un verre d'eau au visage. Mais ce n'était que le commencement de la scène; sommée de demander pardon, Marthe refusa, et folle de colère, cracha sur son père; celui-ci la couchant alors en travers de ses genoux, lui rabattit son pantalon, ce pourquoi il dut employer toute sa force et sur le derrière nu, la fouetta d'une main vigoureuse; la fillette poussa des hurlements terribles, appela au secours, injuria son père, mais ne demanda pas pardon, si bien que celui-ci craignant de prolonger la correction, la mit au lit sans avoir eu le dernier mot: elle y demeura le restant de la journée, ne cessant de sangloter, poussant des cris stridents quand on voulait l'approcher. A l'heure du dîner, on voulut la faire lever, elle refusa; son père la fouetta encore plus fort et plus longtemps que la première fois et la mit à table; l'indomptable fillette ne mangea pas une miette. Après le dîner, on la remit au lit sans avoir pu lui arracher les excuses qu'on lui demandait. Le papa déclara alors à sa femme que ces scènes révolutionnaient, que si on n'arrivait pas à la mâter, la vie deviendrait infernale avec elle. Le lendemain matin, il fut dans la chambre de sa fille qui le regarda les yeux mauvais, sans lui dire un mot; il lui demanda si elle était décidée à demander pardon; un non tout sec fut la réponse; il la menaça d'une nouvelle fessée, si elle persistait, et lui donna une minute pour se décider; l'enfant n'ouvrit pas les lèvres. Outré de cette incroyable obstination et emporté par une légitime colère, bien qu'elle eût le derrière encore tout rouge des exécutions de la veille, il recommença à la fouetter en lui disant que quand elle en aurait assez, elle demanderait pardon : la maman, qui assistait à la scène, intercédait et suppliait pour elle, les larmes aux yeux; il fut inébranlable; ce qui s'était passé la veille se renouvela, Marthe poussa des cris affreux, invectiva son père, se débattit, griffa mais ne voulut point céder; ce ne fut qu'au bout de plusieurs minutes que, vaincue par la douleur, elle demanda enfin pardon.

Depuis cette mémorable journée, la fillette s'était montrée plus docile, mais le naturel reprenait souvent le dessus et, une ou deux fois par semaine, en moyenne, on était obligé d'avoir recours au fameux remède. Une fois entre autres que la maman avait voulu opérer elle-même, Marthe s'était littéralement révoltée, et comme sa mère avait passé outre et était parvenue, non sans peine ni sans lutte, à lui envoyer quelques claques sur les fesses, la fillette avait été dans une fureur telle, qu'il n'avait pas fallu dans la journée moins de trois autres exécutions pour la ramener à de meilleurs sentiments. Et non sans raison, le papa fit remarquer en concluant que l'on aurait évité ces scènes plutôt pénibles, si dès l'âge de trois ou quatre ans, on avait réprimé les méchancetés de sa fille par quelques bonnes corrections.

Nous pourrions citer d'autres anecdotes, mais qui n'ajouteraient rien à l'appui de ce fait constaté par nous, qu'assez souvent les papas infligent eux-mêmes à leurs filles la punition du fouet.

CHAPITRE III

Les corrections manuelles dans la classe ouvrière. — Condition morale des enfants dans les milieux populaires. — Inconvénients de la promiscuité au point de vue des mœurs. — Impudeur inconsciente de beaucoup de femmes vis-à-vis de leurs enfants. — Entretien édifiant avec un propriétaire de bains chauds.

Les quelques considérations que nous avons émises jusqu'ici, et les quelques exemples que nous avons cités ont trait, on a pu le remarquer, à la classe moyenne, ce que l'on appelle quelquefois la petite bourgeoisie; les habitudes n'étant pas les mêmes dans les milieux différents — c'est un point sur lequel il est à peine utile d'insister — les choses se passent, en général, quelque peu différemment dans la classe ouvrière.

Quant à la haute bourgeoisie, aux classes riches, nous n'aurons rien de particulier à signaler dans l'ordre d'idées qui nous intéresse : les parents, en général, beaucoup plus absorbés par les obligations mondaines des femmes, les entreprises financières ou industrielles des hommes, vivent moins intimement avec leurs enfants confiés à des domestiques, des gouvernantes, des précepteurs ou des institutrices. Les punitions corporelles infligées aux enfants dans ce milieu sont assez rares et parmi celles-ci le fouet est presque inconnu, autant du moins que nous avons pu le constater.

Il n'en est pas de même dans la classe ouvrière : là, on a le geste brusque, et les raisonnements et les moyens persuasifs sont peu employés. Le rude labeur des hommes explique même, sans l'excuser, une brutalité, hélas ! trop commune et que des habitudes d'intempérance trop fréquentes aussi ne font qu'accentuer. Un charretier, un équarrisseur, un terrassier, par exemple, ne peuvent avoir des sentiments d'une délicatesse bien accentuée, et cela s'étend à de nombreux autres corps de métier. Quiconque dans son travail fait dépense de force musculaire est volontiers amené à en abuser. Joignez à celà les fréquentations douteuses, les séjours au cabaret, la dépravation ambiante dans un trop grand nombre d'ateliers, où le vice a des allures de forfanterie, cette sorte de vanité qui pousse les jeunes gens à s'encanailler, à paraître plus cyniques et plus dépravés, pour paraître plus hommes, et l'on comprendra que les mœurs s'en ressentent dans la famille même.

Entendons-nous bien, toutefois : il existe dans la classe ouvrière des ménages modèles, assez nombreux heureusement, où l'on a le respect de l'enfance, mais il en existe d'autres, si nombreux qu'ils forment plutôt la majorité que l'exception, où ce sentiment n'a pas cours, et c'est dans ce milieu que nous avons récolté un nombre considérable d'observations.

Disons d'abord quelques mots des conditions morales et matérielles de l'enfance dans la classe ouvrière des grandes villes. A moins qu'il ne soit petit débitant, petit fabricant ou petit façonnier, guère plus riche que les ouvriers qu'il emploie, le mari travaille presque toujours au dehors; la femme travaille assez souvent chez elle à un métier manuel, mais très fréquemment elle est employée en ville. Ce sont déjà des ménages assez aisés, ceux où la femme peut rester chez elle pour s'occuper de son intérieur et augmenter le salaire du mari par quelques travaux de couture ou autres; pour les enfants, on s'en débarrasse le plus possible en les envoyant à la crèche, ou en nourrice quand on peut en payer les mois, ou à l'école maternelle et plus tard à l'école communale d'où ils sortent pour l'apprentissage. On les a donc à la maison le moins possible; néanmoins l'école ferme les jeudis, les dimanches, les fêtes, les vacances.

Une des plaies qui pèse le plus sur la classe ouvrière, plaie qui a si souvent attiré l'attention des économistes et des moralistes, c'est la promiscuité causée par l'insuffisance des logements (et nous ne parlons pas ici de la population indigente, mais de celle qui travaille et vit de son salaire). Un ménage d'ouvriers ne possède pas toujours deux pièces pour se loger; pour nombre de budgets, un loyer de trois cents francs est lourd, et lorsque, comme c'est souvent le cas, il n'y a pas de chambre pour les enfants, on leur dresse un lit dans la cuisine, quand il y en a une, dans un cabinet de débarras, mais trop souvent dans la chambre même des parents; et alors, c'est la fâcheuse promiscuité dont nous parlons : un garçon de huit, de dix, de douze ans et plus assistera au lever de sa mère, à son coucher : elle se déshabille devant lui, la plupart du temps sans précaution; l'instinct de la pudeur maternelle s'émousse comme les autres. L'enfant du peuple, débrouillé de trop bonne heure par le spectacle de la rue, par les journaux à illustrations graveleuses qu'il voit à tous les kiosques, par les conversations qu'il entend, devient vite observateur, et l'anatomie de sa mère n'a guère de secrets pour lui...

Nous devons dire, d'ailleurs, que nombre de mères de famille n'attachent à cela qu'assez peu d'importance (la morale varie selon les milieux) et nous n'en voulons pour preuve concluante qu'un fait très caractéristique qui nous a été relaté par un médecin dont la véracité est hors de doute, et que nous avons d'ailleurs constaté personnellement à différentes reprises; voici le récit tel qu'il nous a été fait.

« Je donne mes soins à la famille du propriétaire d'un établissement de bains situé dans un quartier très populeux. Appelé un samedi pour soigner la fillette atteinte d'un malaise quelconque, avant de m'en aller, je causai quelques instants avec le père dans le bureau de l'établissement, pour le rassurer et lui dire que je ne reviendrais pas. Il était environ six heures, les clients, et surtout les clientes, étaient nombreux, obligés d'attendre leur tour, toutes les cabines de la maison étant occupées; c'est, avec le dimanche matin et le jeudi, le jour des plus fortes recettes dans les établissements de bains des quartiers ouvriers.

« Une femme entra, proprement mise, qui pouvait avoir trente-cinq ans environ, un peu boulotte, très appétissante; elle était accompagnée de son fils, jeune garçon de douze à treize ans, et prit un seul cachet. Quand elle fut entrée dans le couloir d'attente, je demandai au patron si le gamin allait se baigner dans la même cabine que sa mère. — « Non seulement dans la même cabine, me répondit-il, mais dans la même baignoire.

— Alors ils se baignent l'un après l'autre?

— Pas du tout, ils entrent à deux dans la baignoire.

— Mais je pense que la mère garde au moins une chemise pour se baigner...

— C'est une erreur, tous ces gens-là viennent pour se laver, et ils se savonnent des pieds à la tête; comment voulez-vous qu'ils gardent une chemise?

— Diable, mais c'est que ce n'est plus un bébé, ce gamin-là, et il ne doit pas avoir les yeux dans sa poche.

— Parbleu non, et la mère le sait bien.

— Mais cela doit la gêner.

— Oh! à la maison, ils y sont bien habitués, les gamins connaissent leurs parents sous toutes les coutures. Tenez, mieux que cela. Nous avons un petit voisin en face qui a fait sa première communion le mois dernier; la veille ou l'avant-veille, il est venu au bain, avec sa mère naturellement... N'en concluez pas qu'ils ont pris une cabine à deux baignoires?

— Allons donc!

— La fille de service vous le dira, si vous voulez, c'est elle qui nous en a fait la réflexion, parce qu'elle venait de porter une serviette à la mère qui avait oublié d'en prendre chez elle. La bonne femme était nue comme un ver dans la cabine et le gosse dans la baignoire. C'est toujours comme ça que ça se fait; la mère sort la première, s'essuie, passe sa chemise et habille ensuite le gamin.

— Mais vous pouvez les obliger à prendre deux baignoires?

— Non, parce qu'ils s'en iraient autre part; dix sous, c'est dix sous; ils prennent deux baignoires quand l'enfant est trop grand pour qu'ils puissent tenir à deux dans une seule.

— Mais ils peuvent se baigner l'un après l'autre sans que vous en sachiez rien.

— Nous le savons, parce que, quand le second se baigne, il vide la baignoire pour changer l'eau, et on les en empêche. Ça, c'est un truc que l'on connaît.

— Mais, sapristi! jusqu'à quel âge laissez-vous entrer les jeunes gens avec leurs mères?

— Oh, il n'y a pas d'âge, ça dépend quelquefois de leur taille, il en est venu comme ça qui avaient jusqu'à seize ans ; il est vrai qu'ils n'étaient pas bien grands et qu'ils avaient deux baignoires ; seulement, comme il n'y a pas de séparation entre les deux, ça ne fait pas grand'chose ; on pourrait aussi bien envoyer le gamin du côté des hommes, mais, presque toujours, les mères aiment mieux les avoir avec elles pour être sûres qu'ils se nettoient bien. Et notez que nous empêchons les maris et les femmes de se baigner ensemble dans la même pièce.

— Ma foi, voilà des choses dont je ne me serais pas douté.

— Et si je vous disais, monsieur, que quelquefois la mère amène deux enfants avec elle, fille et garçon : la fille va avec la mère et le garçon seul, à moins que la fille soit trop grande pour tenir avec sa mère, alors c'est le contraire ; ou bien, quand les gosses ne sont pas trop grands, ils se baignent tous les deux ensemble et la mère toute seule. On sait cela parce qu'on les entend se disputer dans la baignoire, ils s'envoient de l'eau à la figure, ils se battent et souvent la mère est obligée de sortir du bain pour les calotter ; voyez-vous, ici, monsieur, ça se passe en famille.

— Mais pourquoi ne serait-ce pas le père qui conduirait les garçons au bain ?

— Pourquoi, mais parce qu'il n'y a pas beaucoup d'hommes qui vont au bain dans nos quartiers :

un pour dix femmes peut-être et encore; ils disent qu'il n'y a que les gens sales qui se lavent et que ce serait malheureux de fiche dix sous pour de l'eau chaude quand on a trois absinthes pour le même prix. Ah! nous en voyons de drôles, allez, monsieur! Et si je vous disais même qu'il y a des femmes qui n'ont pas d'enfant et qui amènent baigner avec elles la fille d'une voisine... Oui monsieur, ce sont de petits services qu'on se rend; tenez, mieux que ça, nous connaissons une femme qui vient ici tous les mois : c'est réglé comme papier à musique; elle fait le trottoir sur les grands boulevards, seulement, elle n'a pas l'air trop cocotte, elle reçoit chez elle des gens sérieux; eh bien, chaque fois qu'elle vient ici, elle amène avec elle une des filles de sa concierge qui en a trois, chacune à son tour, et c'est la mère qui le lui demande; elle ne veut pas lui refuser pour rester bien avec elle : c'est elle qui nous l'a dit.

— Ce n'est pas mal, en effet, mais je trouve cela plus naturel que la femme qui se baigne avec un gamin de quatorze ans. Mais enfin, il y a bien un moment où vous ne les laissez plus entrer?

— Ma foi, je ne me rappelle pas que nous les ayons jamais empêchés; quand la mère les trouve trop grands, elle ne les emmène plus et ils ne viennent plus au bain, et tout est dit. Mais, dans un sens, j'ai vu encore plus fort que tout ça : j'ai débuté, il y a vingt-cinq ans, par être patron de lavoir; eh bien, j'ai vu, monsieur, pas une fois, mais cinquante fois, des laveuses amener leur fille avec elles, la déshabiller nue comme la main et lui faire prendre un bain dans un baquet; avec un seau d'eau chaude de deux sous on en voit la farce; et des gamines déjà grandes, quelquefois jusqu'à huit et dix ans, au point qu'il y en a qui ont honte elles-mêmes : pensez donc, il y a quelquefois des cinquante et soixante femmes là, et il y en a toujours bien une dizaine autour du baquet pour s'extasier sur la petite et la trouver mignonne, sans compter les gamins qui sont avec leur mère et qui veulent voir aussi. »

Nous interromprons là cette conversation qui nous a considérablement écarté de notre sujet, mais nous avons cru devoir la relater parce qu'elle peint un état de mœurs qui expliquera sans peine ce qui va suivre.

Nous disions plus haut que les conditions morales et matérielles dans lesquelles vit une partie de la classe ouvrière expliquent la fréquence des châtiments corporels appliqués aux enfants; et ici nous n'entendons pas parler de ce que l'on peut appeler les mauvais traitements ou sévices graves, dont les auteurs ont quelquefois à répondre devant la justice et qui, malheureusement, ne sont pas réprimés aussi souvent qu'il le faudrait; nous parlons simplement des ménages de travailleurs qui élèvent leurs enfants et font ce qu'ils peuvent pour cela. Là, on a la main leste et l'exécution suit de près la menace, quand elle ne l'accompagne pas; les mères de famille, surtout, sont, plus que les pères, les dispensatrices des gifles; elles ont été claquées dans leur enfance, elles claquent leurs enfants, n'ayant pas le temps de leur tenir des raisonnements qui seraient d'ailleurs sans grande portée. Mais il ne se distribue pas que des claques et la fessée est presque autant en honneur, comme on le verra plus loin.

CHAPITRE IV

Les corrections manuelles dans la classe ouvrière (*suite*). — Pourquoi les filles y sont plus souvent fouettées que les garçons. — Cuisant châtiment d'une fillette flaneuse. — Ce qu'il peut en coûter de casser un bocal de poissons rouges. — Une fillette trop moqueuse et une mère trop irascible. — Une bataille de dames à la Foire au Pain d'Epices.

Par les fenêtres ouvertes de ces immenses maisons ouvrières qui abritent quelquefois plus de cinquante ménages il n'est pas rare d'entendre s'échapper des cris d'enfants accompagnés du bruit caractéristique d'une vigoureuse cinglade sur le derrière. C'est surtout sur les filles que cette correction est appliquée. En effet, déboutonner la culotte d'un garçon est plus compliqué, plus long; en outre, le gamin se débat, il a chance d'échapper; de plus, les garçons sont moins à la maison que les filles qui aident leur mère, vont aux provisions, soignent un enfant plus jeune et dont un moins grand nombre fréquente l'école. Et puis, pour une fillette, l'opération est si vite faite : un jupon à retrousser, un pantalon à ouvrir et la partie à châtier se trouve à découvert. Quelquefois même et trop souvent encore, le pantalon est absent. Disons en passant que c'est un fait bien connu de certains débauchés, jeunes et vieux, qui aiment à flaner dans les endroits où jouent les enfants des quartiers populeux, et qui se délectent à la vue des maigres nudités que certaines fillettes leur offrent inconsciemment, lorsqu'elles s'accroupissent en jouant. Les institutrices de nos écoles ne l'ignorent pas et exigent dans la mesure du possible que leurs élèves soient pourvues de cet indispensable vêtement.

Mais revenons à notre sujet. Nous montions, il y a quelque temps, un faubourg très populeux près du canal Saint-Martin pour nous rendre chez un ami ; presque à la porte de la maison se trouve un marchand de journaux devant lequel une fillette d'une douzaine d'années, portant un filet à provisions, admirait les nombreuses publications illustrées. Nous connaissions de vue cette fillette pour l'avoir aperçue quelquefois dans la maison où nous allions. Il faut croire qu'elle se livrait depuis quelque temps aux charmes de cette contemplation, car, comme un boulet, une gamine à peu près du même âge se précipita sur elle et lui cria : « V'la ta mère qui descend te chercher ; elle va rien te f..... une fessée ! » Rappelée à la réalité, la fillette au filet se précipita en courant vers la maison, mais trop tard ! la mère est là, sur le seuil de la porte cochère, c'est une petite femme brune, jeune encore, aux yeux que la colère rend méchants ; sans dire un mot, elle envoie à sa fille une gifle sonore que celle-ci n'a pas le temps d'esquiver, elle l'attrape par un bras, lui enlève le filet qu'elle pose à terre, puis l'attirant au pied de l'escalier, devant la concierge, devant l'autre fillette qui écarquille de grands yeux, devant un apprenti en blouse qui descend au même instant et devant nous-même, spectateur involontaire de l'incident, elle trousse les jupons de la gamine qui ose à peine résister en mettant une main timide sur son derrière ; elle n'a pas de pantalon, mais sa chemise épinglée, le devant au derrière lui en tient lieu ; l'épingle est vite enlevée et sur les pauvres fesses qui essaient en vain de se dérober s'abat une grêle de claques appliquées d'une main courroucée. « Croyez-vous, faisait l'irascible maman, que voilà plus de trois quarts d'heure qu'elle est partie, et que c'est tous les jours la même chose, et que je ne peux pas faire mon déjeuner parce que Mademoiselle s'amuse à regarder les journaux. « Mademoiselle » dût trouver la correction sévère, car, lorsque ses jupes retombèrent, la main maternelle avait claqué son derrière une douzaine de fois au moins, et la dernière avec une vigueur toute spéciale, comme à regret de finir si tôt. La pauvrette n'avait pas crié pourtant, elle grimpa vivement l'escalier les larmes dans les yeux, rouge comme une pivoine et toute confuse, sans doute, d'avoir subi sa correction devant témoins.

Un artiste qui s'est fait une spécialité de la peinture des milieux populaires a été maintes fois témoin de scènes semblables qui lui ont fourni le sujet de croquis pris de mémoire. Nous avons cru devoir en citer ici quelques-unes assez typiques.

Allant dîner un dimanche chez un de ses amis, en entrant dans la maison, grand immeuble avec large cour, il tomba au milieu d'un petit drame. La fille de la concierge, fillette d'une dizaine d'années, venait de casser un bocal à poissons rouges appartenant à une voisine ; elle avait voulu en changer l'eau malgré la défense qui lui avait été faite, et celui-ci lui avait glissé des mains. Les habitants du bocal faisaient sur le pavé de la cour des sauts de carpe désespérés. C'était un jour de Fête Dieu, et la fillette, tout de mousseline habillée, contemplait le désastre, terrifiée, assourdie par les clameurs de la propriétaire du bocal ; la maman attirée par le bruit est mise au courant ; dépeindre sa colère serait chose inutile : « La petite « poison », s'écria-t-elle, qu'est-ce qu'elle avait besoin d'aller toucher à ça, je te réponds que tu vas le payer », et malgré l'intervention de la voisine compatissante qui disait qu'il ne fallait pas la corriger pour cela, la concierge empoigne sa fille, et la pauvrette qui avait été le matin même dans les honneurs de la procession — que les joies de ce monde sont donc de courte durée — eut l'humiliation de se voir infliger devant une dizaine d'assistants une bonne et solide fessée pour l'octroi de laquelle la main maternelle eut soin d'ouvrir largement la fente de son petit pantalon.

Une autre fois, ce fut en pleine promenade publique, dans le bois de Vincennes, que M. T..., de qui nous tenons ces récits, fut témoin d'une scène du même genre. Une femme en cheveux, très proprement vêtue, était assise sur un pliant, à la lisière d'un bouquet d'arbres; auprès d'elle, une voiture d'enfant dans laquelle un baby d'un an dormait et, à quelques pas, sa fille qui paraissait âgée d'une douzaine d'années jouait au ballon ;

tout en raccommodant ses bas, la mère soutenait avec une voisine une conversation animée. Involontairement ou non le ballon de la fillette était allé une première fois sur la tête de la mère qui, furieuse, avait dit à sa fille d'aller jouer plus loin, mais une minute après, le même accident se renouvela. Ordre est donné à la demoiselle d'approcher aussitôt; mais redoutant la gifle présumable, elle refuse; sa mère se lève pour aller la chercher, mais dans sa précipitation, elle fait tomber une bouteille de lait qui était dans un petit panier à ses pieds; la bouteille se débouche et le lait se répand. Cet accident est salué par un éclat de rire de la fillette qui s'écrie en narguant sa mère : « C'est bien fait, tu as voulu me donner une claque, c'est le bon Dieu qui t'as puni! » Le bon Dieu voulut-il la punir à son tour? Quoi qu'il en soit, la malheureuse phrase était à peine achevée que sa mère l'avait attrapée par l'oreille. Sans s'occuper des deux ou trois promeneurs qui s'étaient arrêtés et d'une bande d'enfants accourus au bruit du colloque, la maman relève les jupes de la demoiselle, lui rabat impitoyablement son pantalon de coutil rose et lui administre une dizaine de claques sur les fesses nues, à sa grande mortification et aux éclats de rire d'une assistance moqueuse.

L'anecdote suivante est encore plus caractéristique. M. T... se promenait un matin le long du cours de Vincennes, au moment de la Foire au Pain d'Epices, pour saisir, si possible, quelques traits de ce monde des forains si curieux à plus d'un titre, surtout dans son intimité. En bordure des bas-côtés de l'avenue et derrière des baraques, se trouvent de place en place des roulottes disposées en carré et formant entre elles, quand l'endroit le permet, des sortes de cours intérieures où les forains préparent leurs repas, mangent, et souvent même, paraît-il, ne se bornent pas à cela. Longeant un manège entouré de sa bâche protectrice, M. T... allait traverser une de ces sortes de cours pour passer dans le milieu de l'avenue, quand il entendit des cris sortir d'une roulotte, et une jeune fille vêtue d'une chemise et d'un simple jupon, bras nus, jambes nues, chaussée de mauvaises espadrilles, sauta à bas de la roulotte plutôt qu'elle n'en descendit l'escalier. Derrière elle, apparut sur le seuil une femme en chemise qui passait à la hâte un peignoir crasseux, lequel avait dû être autrefois bleu ciel, et qu'elle ne prit pas le temps de boutonner ; adressant à la fuyarde un geste de terrible menace, elle disparut une seconde dans la roulotte et, reparaissant à l'entrée, elle s'assit sur la marche supérieure de l'escalier et enfila ses bottines, sans prendre garde qu'elle montrait ses mollets puissants dans des bas rouges mal tirés et quelque peu de ses cuisses. Tout cela avait pris à peine quelques secondes, et plusieurs spectateurs s'étaient déjà amassés : une grosse commère à la poitrine tombant à la ceinture; un employé d'un établissement voisin, nu-tête, en ceinture de flanelle ; un jeune homme d'une vingtaine d'années, affectant des airs de loustic, culotte de cycliste et mollets nus, la cigarette plaquée sur le coin de la lèvre, et M. T..., qui s'était arrêté et qui, voyant ce qui allait se passer, se demandait si une intervention ne serait pas nécessaire. La femme aux bas rouges était une puissante gaillarde, aux seins volumineux que le peignoir débraillé cachait mal, à la croupe rebondie, aux traits réguliers, mais durs et si bouleversés par la colère qu'on eût dit une véritable mégère.

« Qu'est-ce qu'il y a donc encore de cassé? » interrogeait la grosse femme. « Ce qu'il y a, hurla l'autre, il y a que je lui ai fichu une claque pour la faire se lever et qu'elle a eu le toupet de me la rendre, que j'en ai la joue qui me cuit; ah! la carne, ce qu'elle va me la payer! » La femme aux bas rouges ressemblait à la jeune fille, autant qu'on en pouvait juger; toutes deux avaient la peau brune et les cheveux noirs, mais ce ne pouvaient être la mère et la fille, la seconde paraissant beaucoup trop âgée pour la première : on eût plutôt dit les deux sœurs. Quoi qu'il en soit, celle-ci, aussitôt chaussée, s'était ruée sur l'autre qui, presque nue, n'osant se sauver plus loin, s'était littéralement glissée sous une roulotte. Armée d'un martinet qu'elle venait de décrocher, l'autre rampa pour l'attraper et, l'empoignant par les cheveux, la traîna littéralement hors de son abri; deux ou trois autres forains étaient venus grossir le nombre des spectateurs et contemplaient philosophiquement le tableau en gens qui en ont vu bien d'autres. « Prenez vos places, ça va chauffer », faisait le loustic en culotte; « Hardi! madame Charles, elle l'a pas volé; défends-toi, la « kroumir », aïe! attrape! » La malheureuse « kroumir », allongée à terre, venait, en effet, d'attraper un formidable coup de martinet sur les cuisses, à peine protégées par ses minces haillons; mais Mme Charles, saisie d'une idée féroce, s'écria soudain : « Attends! c'est ton derrière (le mot fut plus vif) qui va étrenner »; et, jetant par terre le martinet, elle eut tôt fait de retrousser la chemise de sa victime juste au-dessus de la taille; elle voulut alors reprendre son martinet, mais la grosse femme l'avait repoussé au loin en disant à voix basse : « Pas avec ça, ça lui ferait trop de mal ». Ce fut alors sa main qui s'abattit à coups redoublés sur les fesses nues de sa victime, et, n'eût été la barbarie de la scène, le spectacle ne manquait pas de piquant : la « kroumir » se démenait à terre, se roulait comme un serpent, essayant de se garer des coups qui pleuvaient sur elle et de cacher sa nudité si outrageusement étalée; ses jambes minces, fuselées, avaient des attaches très fines, ses hanches déjà proéminentes, sa croupe bien dessinée et très dodue, tout cela formait un ensemble très gracieux, autant que le permettaient d'en juger les soubresauts auxquels elle se livrait; renversée sur le dos à un moment donné, on put voir que si ce n'était pas encore une femme, ce n'était plus une fillette. Les spectateurs présents admiraient le combat, quelques-uns s'esclaffaient de joie en se tapant les cuisses; le jeune loustic exultait : « Hardi, madame Charles, criait-il, vous vous ferez pas mal aux mains, il y a la fesse gauche qui n'a pas son compte... Qui veut voir la lune gratis?... Ah! v'la que c'est pile, maintenant », et autres remarques que la décence nous interdit de rapporter. M. T...

avait émis l'avis de mettre fin au combat, mais les autres assistants avaient protesté en gens évidemment habitués à ces sortes d'incidents. Cependant la « kroumir » avait réussi à se dégager un instant et à se relever, mais pour être ressaisie immédiatement par l'autre femme dont la vengeance n'était pas satisfaite; de nouveau ses jupes volèrent en l'air et la main s'abattit de nouveau, marbrant la peau, puis toutes deux roulèrent encore à terre. Pendant que Mme Charles, accroupie sur sa victime, continuait à la fouetter impitoyablement, son peignoir s'était légèrement remonté sur sa croupe, mettant ses mollets à découvert; le cycliste s'agenouilla derrière elle, et, collant sa tête à terre, souleva légèrement le vêtement, et, regardant dessous, le laissa retomber en faisant claquer ses doigts d'un air connaisseur, puis il eût un geste obscène dont l'assistance s'égaya fort. Enfin « la kroumir » réussissant à s'échapper et regagnant sa roulotte, la bataille prit fin. Mme Charles avait au cou une large égratignure dont le sang coulait, son peignoir s'était déchiré dans la lutte, sa figure était empourprée, ses cheveux lui tombaient sur le front. Elle pérorait au milieu du groupe, exhalant encore son indignation : « Je crois tout de même qu'elle n'est pas prête à recommencer », fit-elle en rentrant à son tour, tandis que le cycliste, retirant sa casquette, faisait un simulacre de quête autour de la société et s'écriait : « Mesdames et messieurs, c'est pour avoir l'honneur de vous remercier ».

La scène que nous venons de raconter est empreinte d'un tel caractère de sauvagerie qu'elle ne peut guère être considérée comme un argument à l'appui de ce que nous énoncions au sujet de la fessée comme correction maternelle. Mais le fait n'en reste pas moins indiscutable, sans qu'il soit besoin de produire d'autres témoignages.

On s'étonnera peut-être que des faits analogues à ceux que nous avons racontés se produisent devant témoins. Nous répondrons à cela que ces faits sont la minorité et que, pour une fessée administrée publiquement, il en est cent qui sont données à la maison.

Mais il est une chose incontestable, c'est que beaucoup de parents qui fouettent leurs enfants spéculent surtout sur l'humiliation plus que sur la douleur causée par ce châtiment. Un enfant que l'on fouette dans une chambre, seul et sans témoin, est déjà profondément mortifié, mais il l'est bien davantage si cette mésaventure lui arrive devant une personne étrangère ou devant des camarades, et plus encore si la chose a lieu tout à fait en public; l'enfant est si humilié en pareil cas qu'il n'ose pas crier et ne songe qu'à se sauver pour fuir les regards dirigés sur lui, alors que, pour un simple soufflet, il poussera des cris et pleurera pendant une demi-heure. Que de fois ne nous est-il pas arrivé d'entendre cette menace faite à un enfant par sa mère : tu vas être fouetté *devant tout le monde*; c'est donc par l'humiliation que l'on veut agir sur l'enfant, et le fouet a été et sera toujours le prototype de la correction humiliante.

CHAPITRE V

A qui, dans la famille, doit être dévolu le rôle de grand justicier. — Opinion d'un papa. — Jusqu'à quel âge un fils pourra-t-il être fouetté par sa maman, une fille par son père. — La flagellation conjugale.

Nous avons étudié jusqu'ici la flagellation dans la famille, en nous appuyant sur des observations faites autour de nous; pour être complet, notre travail devrait porter sur ce qui se passe en pareille matière dans les autres pays. Mais, outre que cela nous entraînerait bien loin, nous avouerons que les documents *authentiques* nous manquent; néanmoins, de ce que nous avons pu conclure, il résulte que les choses se passent dans les autres pays exactement comme chez nous; en Angleterre, notamment, les enfants ne sont aujourd'hui ni plus ni moins fouettés qu'en France, en dépit de toutes les stupidités qu'on a pu écrire sur ce sujet.

Dans les quelques anecdotes que nous avons relatées, nous avons vu que le rôle de grand justicier est tenu tantôt par le père, tantôt par la mère. Il n'est pas sans intérêt de savoir à qui doit être dévolu ce rôle en cas de nécessité.

Nous avons vu que la mère de famille a toujours une tendance à traiter trop longtemps ses garçons en petits enfants et qu'il vaudrait mieux qu'elle s'abstînt de les punir de cette façon passé sept ou huit ans ; au-dessus de cet âge, cette correction ne devrait être appliquée, autant que possible, que par le père ; d'ailleurs, le cas est assez peu fréquent pour être négligeable.

Vis-à-vis des filles, le cas ne se présente pas de la même façon. Une fille n'éprouvera jamais l'impression sensuelle que peut éprouver un jeune garçon à la suite de cette punition. Donc, que ce soit le père ou la mère qui exerce, il n'y a pas d'inconvénient en ce qui concerne la fille elle-même ; mais il y a, selon nous, un motif de haute convenance qui milite pour que le père abandonne à sa femme cette délicate besogne lorsque la fille a dépassé l'âge de huit ans, de dix ans au maximum.

Passé cet âge, on pourrait supposer que le père de famille procède à cette opération sans aucun déplaisir, comme l'avouait un jour ingénument un papa de notre connaissance, aussi bon père de famille que quiconque, adorant sa fille, ce qui ne l'empêchait pas de la fouetter de temps à autre, bien que la demoiselle eût dépassé dix ans. Comme quelqu'un lui demandait s'il ne la trouvait pas un peu grande pour la punir de cette façon :

« Mais non, répondait-il, il n'y a pas de limite d'âge en pareille matière et rien n'est efficace comme cela ; je ne donne peut-être pas le fouet à ma fille en moyenne une fois par mois, et cela m'évite de la gronder tous les jours. Je vois des parents qui ne passent pas un quart d'heure avec leurs enfants sans les réprimander, à table, à la promenade, à l'étude, en les levant, en les couchant ; les enfants ne font même plus attention aux gronderies ; ils savent qu'il n'y aura rien de plus, mais comme ils seraient plus circonspects si leurs parents avaient moins de patience et si une bonne fessée venait remplacer tant de paroles aussi fatigantes qu'inutiles! D'ailleurs, cela n'a rien de désagréable de donner le fouet, surtout à une fille, et je trouve même cela assez amusant, et quant à la question de convenance, je ne vois pas qu'il y ait lieu, en pareil cas, de la soulever. »

Il est assez délicat de fixer jusqu'où s'arrête pour un père le droit de légitime correction vis-à-vis de sa fille. Nous ne pensons pas qu'il ait jamais été réglé par un texte de loi et c'est, selon nous, affaire de circonstance et d'interprétation, dès l'instant, bien entendu, qu'il n'y a ni brutalité, ni sévices graves.

Pour préciser la question, on pourra se demander si, par exemple, un père est autorisé au point de vue juridique à fouetter — même de façon bénigne — sa fille âgée de seize ou dix-sept ans, et si la justice admet et tolère cet acte que la morale réprouve évidemment. Nous ignorons si jamais le cas a été porté devant les tribunaux, directement du moins; toutefois, nous connaissons une circonstance où il y fut indirectement porté : il s'agissait d'une demande en divorce, demande réciproque de la part des deux époux, avec torts égaux et non contestés de part et d'autre; néanmoins, le divorce fut prononcé au profit de la femme parce qu'elle établit, ce qui ne fut pas nié, que son mari avait, à de nombreuses reprises, donné le fouet à sa fille qui, à cette époque, avait passé quinze ans; le père protesta en vain que c'étaient des corrections très légères et pas plus douloureuses qu'une tape sur la main : il n'en fut pas moins sévèrement blâmé par le juge, et le tribunal, prenant ce fait en considération, prononça le divorce contre lui et confia à la femme la garde de sa fille.

Quant à la mère de famille, il nous paraît que son droit de correction, même par voie de fustigation, subsiste envers sa fille jusqu'à ce que celle-ci ait atteint sa majorité. Est-il souvent exercé jusqu'à cette limite? Évidemment non, et si l'on vient nous citer des cas où une grande fille de dix-huit ans a reçu de sa mère quelques claques sur le derrière, nous répondrons qu'il s'agit là d'une licence maternelle bien compréhensible et bien excusable et non d'une réelle correction.

Qu'on nous permette de citer quelques lignes de Brantôme auquel nous ferons d'ailleurs d'autres emprunts : « J'ai oui dire à une honnête dame qu'étant fille sa mère la fouettoit tous les jours deux fois, non pour avoir forfait, mais parce qu'elle pensoit qu'elle prenoit plaisir à la voir ainsi remuer les fesses et le corps, pour autant d'en prendre d'appétit ailleurs : et tant plus elle alla sur l'âge de quatorze ans, elle persista et s'y acharna de telle façon qu'à mode qu'elle l'accostoit, elle la contemploit encore plus. »

Tout ce que nous avons dit jusqu'à présent s'applique à la flagellation en France. Des renseignements que nous avons pu recueillir, en ce qui concerne les autres pays, il résulte que les choses se passent ailleurs à peu près comme chez nous et que les parents anglais, allemands, italiens ou espagnols ne sont ni plus ni moins sévères que les parents français envers leurs enfants. En Angleterre même, où le fouet est, comme nous le verrons plus loin, resté un peu en usage dans les écoles de garçons, il ne nous a guère paru plus employé qu'en France dans la famille. Mais nous croyons utile de répéter que les documents précis manquent à cet égard. On ne peut donc que déduire de certains faits connus et avérés des conclusions logiques; or, il est connu et avéré qu'il existe, en France et en Angleterre et dans d'autres pays, des passionnés de la flagellation, qu'il se trouve de ces passionnés parmi les hommes mariés; il n'est donc pas invraisemblable qu'ayant l'occasion d'exercer leur passion sur la personne de leurs enfants et peut-être aussi de leurs femmes ces passionnés ne résistent pas à la tentation; mais ce sera alors pour eux une raison de plus de ne donner cours à leurs instincts que dans une stricte intimité; encore supposerons-nous volontiers que ces passionnés préfèrent assouvir leur passion autre part que dans leur propre foyer.

La flagellation conjugale. — Tout le monde a pu voir cette gravure délicieusement polissonne de Valperga, d'après Gérardon, intitulée *la Correction conjugale* : le mari, vigoureusement musclé, a jeté, au travers de ses genoux, sa femme qu'il maintient d'une main et dont il relève de l'autre l'unique et léger vêtement mettant à nu des charmes postérieurs abondants, plantureux, affriolants; devant la pauvrette qui se débat, pas bien fort, l'amour, armé d'une botte de roses, fouette d'un air malin la surface charnue qui s'offre à lui ; ce tableau dit mieux que n'importe quelle dissertation ce qu'est la flagellation conjugale. Qu'est-ce autre chose qu'un châtiment où l'amour conduit le bras du mari et que la femme endure sans trop pousser de cris : victime volontaire, elle tourne vers son bourreau des yeux noyés de langueur, sachant bien que, dans quelques instants, sur le lit conjugal mis au pillage, le châtiment aura sa conclusion. C'est ainsi qu'Abélard fouettait son élève Héloïse qui, déjà défaillante de volupté, recevait cette punition comme la plus douce des caresses.

Citons encore deux lignes de Brantôme à ce sujet :

« J'ai oui parler d'un grand aussi qui prenait plaisir de voir sa femme nue ou habillée, la fouetter de claquades et la voir manier de son corps. »

Y a-t-il beaucoup de maris qui donnent le fouet à leurs femmes, beaucoup d'amants en faisant autant à leurs maîtresses ? Soyons sincères : sous ce rapport, on en est réduit aux conjectures. Le cas est assez fréquent, si l'on en croit les confidences que les jeunes femmes se chuchotent quelquefois à l'oreille, mais le document précis manque et la statistique reste en défaut, cela se passant dans la discrète intimité de la chambre conjugale; ce qu'il y a de certain, c'est que les femmes mariées ne se plaignent jamais de sévices de cette nature et que les tristes individus qui maltraitent et brutalisent leurs femmes n'exercent jamais sur elles le genre de correction dont nous nous occupons.

DEUXIÈME PARTIE

LA FLAGELLATION A L'ÉCOLE

CHAPITRE VI

La flagellation scolaire. — Coup d'œil rétrospectif. — Avant la Révolution. — Les jésuites, grands dispensateurs de la fessée. — Après la Révolution. — Les frères ignorantins continuateurs des jésuites, leur puissance, impunité assurée aux attentats aux mœurs.

Si nous voulions strictement rester dans les limites du titre de notre volume, cette partie de notre étude serait courte. Actuellement, la peine du fouet n'est plus pratiquée dans aucune de nos écoles publiques ou libres, laïques ou religieuses, même sur les plus jeunes enfants; donc notre matière serait vite épuisée. Mais, comme il n'y a pas très longtemps que cet état de choses existe de façon aussi absolue, nous croyons utile de revenir quelque peu en arrière.

Jusqu'à la Révolution de 1789, le fouet fut le seul moyen de discipline employé en France dans les écoles des ordres les plus divers. Dès le seizième siècle, Montaigne s'élevait d'une voix éloquente contre ces geôles

(les écoles) qui retentissent des cris de douleur des enfants châtiés par les verges ; il en était ainsi dès la fondation de l'Université, il en était encore ainsi au XVIIIe siècle ; mais, si la chose se pouvait comprendre au XIIIe siècle où les écoliers constituaient une jeunesse turbulente, hargneuse, difficile à conduire, où les écoles, mal organisées ou pas organisées du tout, se tenaient assez souvent en plein air, elle se comprenait moins dans la société beaucoup plus policée du XVIIIe siècle, à une époque où les idées modernes prirent la formidable extension que l'on connaît. A cette époque néanmoins, la verge est le seul moyen de discipline connu et employé. Elle était maniée rudement et invariablement appliquée sur les fesses nues du délinquant, presque toujours devant ses condisciples. Il ne se passait guère de jour que n'eussent lieu quelques exécutions de cette nature ; la fessée était administrée avec la plus grande sévérité et souvent avec une telle barbarie que le sang coulait. Inutile de dire que les tourmenteurs n'avaient pas seulement en vue le maintien de la discipline en fouettant les malheureux écoliers : ils satisfaisaient surtout leurs instincts sensuels et trouvaient, dans le spectacle de cette chair marbrée de coups et bondissant sous la souffrance, une intense volupté. Les Jésuites étaient naturellement au premier rang parmi ces énergumènes de la flagellation et, bien qu'ils eussent été, pour la forme, expulsés sous le règne de Louis XV, ils n'en dirigeaient pas moins les principaux collèges.

Vint la Révolution, les ordres monastiques se dispersèrent; les moines de tous frocs et de toutes robes fuient à l'étranger ou changent d'état et se marient, la vocation religieuse étant, en général, assez peu ancrée chez eux. Les écoles ne fonctionnent guère pendant ces années troublées et ne recommencent réellement à fonctionner que sous l'Empire. En peu d'années les mœurs ont changé; sans doute les congréganistes sont bien rentrés en France, mais les beaux jours d'autrefois sont passés, et le Corse impérial n'eût pas souffert une autre puissance à côté de la sienne; les frocards ne sont plus les maîtres et cette époque marque un changement de régime dans les établissements universitaires. Sans doute, on ne déracine pas, en quelques années, des traditions séculaires; sans doute, il y a bien de temps à autre quelques écoliers fouettés, mais c'est parce que la discipline l'exige et que la fessée est l'*ultima verba* de la discipline...

L'Empire sombre; arrive la Restauration et, avec Louis XVIII, rentrent toutes les congrégations disparues, plus acharnées, plus avides de puissance, plus intolérantes que jamais et, plus encore que les nobles, n'ayant rien oublié et rien appris. La malfaisante engeance couvre de nouveau la France, les écoles sont livrées aux ignorantins, les collèges aux Jésuites, et ce n'est pas pour rien que Béranger fait dire à ces « hommes noirs ».

Nous rentrons, songez à vous taire
Et que vos enfants suivent nos leçons
C'est nous qui fessons et qui refessons
Les jolis petits, les jolis garçons.

Et, de fait, les fessées se distribuent de nouveau dans toutes les écoles, sur toute l'étendue du territoire? Qui aurait pu s'y opposer? Le clergé et les congrégations ne sont-ils pas aussi forts que le pouvoir royal. Qui eût osé se plaindre? Les parents? Mais de quoi et à qui? Fesser les écoliers, qu'on le sache, est un droit et un privilège, et les mécontents, s'il y en a, n'ont qu'à se taire. Et les ignorantins ne se contentent pas de fesser les écoliers, ils fessent aussi les écolières, car beaucoup d'écoles sont mixtes; le congréganiste se considère comme en pays conquis. Mais la fessée conduit souvent à autre chose, et fréquemment des enfants subissent les plus odieux attentats. Les parents habilement terrorisés n'osent se plaindre et le coupable est envoyé dans une autre localité pour y recommencer le cours de ses exploits. C'est encore l'époque où la fessée est ordonnée comme punition au confessionnal, et, comme la pénitente ne peut pas se fustiger elle-même, c'est son confesseur qui se charge d'appliquer la pénitence. Et il s'est trouvé des jeunes filles et des femmes soumises, sous le manteau de la religion, à ces odieuses turpitudes et qui subirent, sur leurs fesses nues, la correction d'ensoutanés affolés de luxure. On peut supposer, d'après ce qui avait lieu ouvertement, ce qui se passait dans le mystère et derrière les murs des couvents.

La flagellation règne donc en maîtresse dans les écoles. En ce temps-là, c'était un honneur dans les familles de paysans quand un des enfants devenait frère ignorantin; on était alors peu exigeant sur le rapport de l'instruction : l'histoire sainte et le catéchisme étaient les connaissances essentielles, l'écriture et les quatre règles venaient ensuite, l'orthographe n'était pas indispensable et, quant au reste, c'était superflu et même dangereux. Aussi le recrutement des frères était-il facile, les jeunes gens de quinze ans auxquels on offrait cette carrière n'auraient pas osé refuser, et, dans les avantages qu'ils y voyaient, l'idée de devenir un jour professeurs et de manier à leur tour le martinet et les verges, n'était pas sans attrait; et c'est ainsi que se perpétuait la tradition. Sous le gouvernement de Louis-Philippe, la presse libérale commence à parler haut, et de ci, de là, on signale quelques scandales, quelques odieuses obscénités à l'actif des frères ignorantins ou autres frocards; selon l'habitude, l'autorité les étouffe, à moins que cela lui soit tout à fait impossible. Dans les écoles rurales, les choses ont peu changé : garçons et filles sont toujours fessés. Il est juste d'ajouter que l'on ne saurait se faire une idée de ce qu'était l'enseignement alors, d'après ce qu'il est maintenant. L'enseignement n'étant pas obligatoire, de trop nombreuses communes ne possédaient pas d'écoles ; là où il y en avait, c'étaient, la plupart du temps, des écoles mixtes où garçons et filles étaient instruits ensemble ; mais beaucoup d'enfants n'allaient pas à l'école, surtout dans les familles pauvres. Ceux qui y allaient en partaient de bonne heure, sachant à peine lire et écrire pour aider leurs parents aux champs ou entrer en apprentissage ; le véritable enseignement ne se donnait guère que dans les collèges de l'Etat ou dans les collèges ecclésiastiques fréquentés par les enfants de la bourgeoisie ; dans ces derniers, le fouet était encore fréquemment appliqué quoique moins souvent que dans les écoles primaires. Vient enfin le second Empire ; l'empereur n'aime guère le clergé ni les congrégations ; mais il en a besoin, et la magistrature de l'empire sait étouffer les nombreux scandales qui n'ont pas cessé de se produire dans les établissements religieux d'enseignement et surtout dans les écoles primaires.

Il est à noter que les châtiments corporels n'ont pas encore été officiellement proscrits, la férule est parfaitement autorisée, et il faut que l'enfant ait été réellement blessé pour que les plaintes des parents soient accueillies. Quant à la fessée, elle n'est pas autorisée officiellement, mais nous ne croyons pas qu'elle ait été interdite par aucun règlement administratif ; seulement elle tomba en désuétude dans les écoles des grandes villes, plus surveillées et où les choses sont plus difficiles à étouffer que dans les écoles rurales, et, lors des dernières années de l'empire, dans ces écoles, les bons frères et les bonnes sœurs fessaient encore à bras raccourcis les enfants confiés à leurs soins.

CHAPITRE VII

Le nouveau régime. Suppression de tous les châtiments corporels. — Discipline insuffisante vis-à-vis de certains enfants. — En Angleterre, autrefois et aujourd'hui. — Le docteur Keate. — Une exécution en masse. — Un scandale militaire. — En Russie. — En Allemagne. — Un grand duc partisan de la fessée.

Le terrible drame de 1870 marqua plus que la fin d'un régime, il apporta une véritable révolution dans les mœurs, et commença l'effondrement de la puissance congréganiste. Sans doute, le mouvement sera lent, l'engeance noire ne veut pas abandonner la partie, mais l'opinion publique parle maintenant, et les tentatives de réaction sont balayées comme un fétu de paille; la presse débâillonnée fait bonne garde et signale les turpitudes de la gent ensoutanée, et ce n'est pas une petite affaire; on frémit même en pensant à ce que cela avait pu être aux époques antérieures, alors que l'impunité était assurée à toutes ces ignominies. Dix ans après la guerre, la fessée n'était plus appliquée dans les écoles, même congréganistes, que tout à fait exceptionnellement, bien que les journaux radicaux eussent à signaler des cas assez fréquents, mais rares en comparaison de ce que c'était vingt ans auparavant. D'ailleurs, la laïcisation marchait à grands pas, et avec les congréganistes disparaissaient les grands dispensateurs des verges et du martinet.

Pour être impartial, il faut reconnaître que l'enseignement laïque n'était pas exempt de tout reproche. A Paris même, jusqu'en 1870 et peut-être un peu après, la « palette » était un moyen de correction autorisé; mais au lieu de la palette plate qui n'eût pas fait grand mal, les maîtres se servaient d'une longue baguette cylindrique de bois dur qu'ils appliquaient sur la main ouverte, et certaines brutes le faisaient avec violence et à diverses reprises, occasionnant ainsi une véritable torture à l'enfant et quelquefois même de graves accidents. Quelques claques sur le derrière eussent été évidemment beaucoup moins barbares.

Aujourd'hui, la personne des écoliers et des écolières est sacrée et à l'abri de la moindre pichenette. Est-ce un bien, est-ce un mal? Nous dirons ce que nous en pensons avec la plus entière franchise.

Dans les grandes villes comme Paris, les enfants des classes pauvres, insuffisamment surveillés, contaminés par le contact perpétuel de la rue, par les mauvaises compagnies, ces enfants, disons-nous, ont trop souvent d'assez fâcheuses tendances qu'il serait utile de réprimer; or à l'école, les maîtres se trouvent désarmés; ils n'ont que les réprimandes, et nombre d'enfants s'en moquent quand il n'y a rien derrière et quand les parents ne secondent pas la tâche du maître. Or, la plupart du temps, les parents sont indifférents, quand ils ne sont pas hostiles au maître et tel honorable citoyen, qui, chez lui, calottera ses enfants à tour de bras pour un oui ou pour un non, se trouvera atteint dans sa dignité si le maître s'oublie à donner une pichenette à ces mêmes enfants. Or l'on n'imagine pas jusqu'où va l'effronterie, le cynisme même de certains enfants lorsqu'une crainte salutaire ne les maintient pas ; les maîtres et les maîtresses de nos écoles publiques, surtout dans les quartiers populeux, en savent quelque chose et, devant certains faits à peine croyables, l'homme sincère se demande s'il n'y aurait pas quelque chose à reprendre dans l'ancien code de discipline scolaire. Nous ne conclurons à rien, bien entendu ; il nous suffira d'avoir soulevé la question avec la franchise et la sincérité que nous nous sommes imposées.

Si de France nous passons en Angleterre, nous aurons à faire un tableau semblable sur bien des points à celui que nous venons d'esquisser.

La fessée a été, de tout temps, la punition en honneur dans les écoles anglaises, non seulement dans les écoles élémentaires, mais encore et surtout dans les écoles secondaires, c'est-à-dire dans les collèges ; la chose était même si bien entrée dans les mœurs qu'elle était considérée comme une des institutions fondamentales de la nation, institution que le progrès des idées modernes a eu grand'peine à ébranler : nous disons à dessein à ébranler et non pas détruire.

En Angleterre, pays très formaliste, le fouet s'appliquait dans les écoles avec une sorte de cérémonial : les délinquants, désignés d'avance pour ce châtiment, subissaient leur peine à une heure déterminée; dans les grands établissements, il y avait une salle spécialement réservée à cet exercice : elle était pourvue d'une estrade, sorte de bloc de bois muni d'un gradin. L'élève, bien et dûment déculotté, le postérieur à l'air, s'agenouillait sur le gradin, appuyait le haut du corps sur la partie supérieure du bloc, et présentait ainsi la surface à corriger dans la position la plus favorable. Le fouet s'administrait, en général, avec une verge de bouleau, quelquefois avec une poignée de brindilles de bois; le martinet à lanières de cuir et même la cravache étaient aussi parfois employés. Les exécutions avaient lieu isolément quand un seul élève était à punir, mais, comme c'était le cas exceptionnel, tous les élèves désignés pour recevoir le fouet assistaient mutuellement à la punition les uns des autres. Chose assez curieuse, dans un pays aussi rigoriste en apparence, le fait d'exposer le postérieur nu d'un élève aux yeux de tous ses condisciples n'a jamais passé pour un spectacle inconvenant; il n'est d'ailleurs pas rare en Angleterre, de voir dans la campagne, pendant la belle saison, des groupes de jeunes gens se baigner en rivière, entièrement nus, et sans le moindre vestige de caleçon ou même de mouchoir; cela n'a pas lieu, bien entendu, près d'une promenade publique, mais dans des endroits retirés; s'il vient à passer des dames, elles regardent d'un autre côté et tout est dit.

Nous n'entreprendrons pas de raconter toutes les particularités de l'histoire du fouet dans les écoles anglaises, un gros volume n'y suffirait pas; nombre d'anecdotes sont restées célèbres, nombre de maîtres se sont illustrés par leur maëstria à manier la verge; c'est ainsi que le fameux Dr Keate, pour une faute collective, fouetta un jour sans discontinuer toute une division de soixante jeunes gens et ne s'arrêta que lorsque le soixantième eut reçu sa fessée tout comme le premier. Dans beaucoup d'établissements, le bloc où les élèves se plaçaient pour être fouettés était remplacé par une sorte de cheval dont le corps était de cuir rembourré; penché et souvent attaché sur l'encolure, le patient recevait sur le derrière nu le nombre de coups de verges auquel il était condamné.

L'Angleterre, pays conservateur par excellence et respectueux des traditions, devait nécessairement conserver plus longtemps qu'en France l'usage de la flagellation dans les établissements d'enseignement. Alors qu'en France cet usage a complètement disparu, et que les cas que l'on pourrait signaler ne sont que des exceptions accidentelles et parfaitement négligeables, chez nos voisins d'outre-Manche, la fessée se donne encore dans les écoles; mais il y a loin de ce qui se fait à ce que l'on peut lire dans des récits plus ou moins saugrenus et inventés de toutes pièces qui courent sur ce sujet. Alors qu'autrefois l'élève qui n'était pas fouetté au cours de ses études était une exception, aujourd'hui les élèves qui subissent ce châtiment sont l'exception, et la plupart quittent le collège sans avoir été fouettés. Mais le fait intéressant à noter, c'est que le fouet, quoique rarement appliqué, est encore parfaitement admis, si bien même que, dans certains établissements, dans de nombreux établissements, pourrions-nous dire, les grands élèves fouettent quelquefois les moyens, en manière de brimade, ou se fouettent entre eux pour se distraire.

Tout le monde a encore présent à la mémoire ce formidable scandale, qui date de quelques mois à peine, et qui fut dévoilé par le généralissime lord Roberts lui-même, malgré les efforts des plus hautes personnalités pour l'étouffer : on apprit un jour, sans surprise peut-être, que deux lieutenants, point des enfants, par conséquent, avaient été, sur l'ordre de leur colonel, livrés à leurs camarades pour être jugés et punis selon les usages. Condamnés par cette sorte de conseil de guerre à être fouettés, ils l'avaient été, et l'exécution n'avait nullement été un simulacre : maintenus immobiles par plusieurs camarades, dépouillés de leur pantalon, chemise relevée, ils avaient reçu sur les fesses nues un certain nombre de coups de cravache. Les polémiques qui suivirent l'explosion de ce scandale nous apprirent que cette coutume était en honneur et presque traditionnelle chez les jeunes officiers. Il est de toute évidence que de telles mœurs sont la conséquence logique d'habitudes prises dans les collèges.

Dans les écoles de village, le fouet est resté davantage en usage, et les parents n'y voient en général aucun inconvénient.

Voilà pour les garçons ; pour les filles, on peut dire que la fessée ne leur est presque plus appliquée, elle n'est pas considérée comme un châtiment illicite, mais il est pour ainsi dire sans exemple qu'une fille de plus de douze ans soit aujourd'hui fouettée dans un pensionnat anglais; les cas qui peuvent se produire sont de rares exceptions et ne donnent jamais lieu à ces cérémonies ultra-fantaisistes que des plumitifs à l'imagination intempérante ont essayé de faire avaler à de trop naïfs lecteurs.

Nous n'avons guère de documents en ce qui concerne la Russie. Les écoles primaires y sont d'ailleurs assez rares en dehors des grandes villes et, dans celles qui existent, il paraît que les maîtres usent du fouet, et quelquefois même avec une véritable barbarie, jusqu'à faire couler le sang des malheureux écoliers. Les mœurs de la nation amie et alliée étant encore assez sauvages sous certains rapports, le fait ne saurait nous étonner beaucoup: nous le consignons sans avoir pu le contrôler.

Chose assez curieuse, l'Angleterre passe pour le pays où la flagellation est le plus en honneur; or, à ce point de vue, c'est l'Allemagne qui devrait être classée au premier rang. Là, en effet, le fouet est pour ainsi dire réglementaire dans les écoles. Une circulaire administrative concernant les écoles de Saxe, et parue en 1883, indique le diamètre et la longueur de la baguette avec laquelle les instituteurs sont autorisés à corriger leurs élèves; la correction sera appliquée, pour les garçons, sur les fesses nues; pour les filles, au même endroit, mais par-dessus les jupons; le droit de correction n'appartient pas aux instituteurs adjoints, mais seulement aux directeurs ou aux directrices d'école.

On a appris, il y a quelques mois à peine, que, dans un des grands-duchés enclavés dans l'empire allemand, le prince régnant se faisait amener les enfants condamnés par la justice pour un délit quelconque, et les fouettait, garçons ou filles, de sa propre main. Indépendamment de la dépravation qu'il témoigne chez son auteur, un tel fait dénote bien que la coutume du fouet est encore profondément ancrée dans les mœurs du pays où ce fait se passe.

TROISIÈME PARTIE

LA PASSION DU FOUET CHEZ LES ENFANTS

CHAPITRE VIII

Le goût du fouet chez certains jeunes gens. — L'attrait de la nudité. — L'exhibitionnisme. — Un lycéen entreprenant. — Singulier amusement d'une fillette. — Exhibitionnisme et passion du fouet chez une jeune fille; une invention diabolique.

Ce que nous voulons étudier dans cette partie de notre travail, c'est le penchant des enfants pour la flagellation active ou passive, c'est-à-dire le plaisir que nombre d'enfants et d'adolescents éprouvent à donner le fouet ou à être fouettés eux-mêmes.

Ce sujet, nettement posé, est certainement un des points les plus curieux que nous aurons eu à traiter au cours de notre étude.

Expliquons-nous un peu :

Une fillette de six à sept ans reçoit le fouet des mains de sa mère devant de petites camarades du même âge vivement intéressées par l'action et qui (cet âge est sans pitié) se moquent de la pauvrette : les jupons retombés et la maman partie, la fille fouettée, pleurant, grinçant des dents, mortifiée d'inexprimable façon, se précipite, pour les battre, sur ses moqueuses compagnes; la fessée reçue lui a donc été désagréable, et sa colère en est la meilleure preuve. Nous avons assisté plus d'une fois à des scènes de ce genre dont nombre de nos lecteurs auront sans doute été également témoins. On devrait donc conclure à priori que, loin d'avoir le goût de la flagellation, les enfants en ont l'aversion; l'expérience démontre, quelque paradoxal que cela puisse sembler, qu'il n'en est rien dans un très grand nombre de cas. Essayons un peu d'expliquer cela.

Il est notoire que, chez nombre d'adultes, le goût de la flagellation est une passion véritable; cette passion ne s'est pas développée spontanément et elle date quelquefois de loin. Qu'y a-t-il d'invraisemblable qu'elle remonte au premier éveil des sens, à une période antérieure même à celle de l'adolescence.

C'est pourquoi, dans la première partie de notre travail, nous insistions sur l'inconvénient qu'il y a à fouetter les enfants dès qu'ils ont dépassé la première enfance : on croit les corriger efficacement, et on réussit surtout à activer leur précocité et à devancer chez eux l'éclosion de la puberté.

En effet, l'enfant qui a été fouetté, le garçon surtout, subit cette impression physiologique consécutive à la flagellation que nous avons signalée ; la souffrance physique disparue — et, à moins d'une correction brutale, elle ne persiste guère après l'application de la dernière claque — il lui reste une sensation, souvent indéfinissable pour lui, mais qui ne lui déplaît nullement.

Nous avons parlé tout à l'heure du plaisir qu'éprouvent les enfants en assistant à la fessée d'un ou d'une de leurs camarades ; le fait est, pour ainsi dire, d'ordre général : les enfants écarquillent les yeux pour mieux voir, sont émotionnés, rient un peu nerveusement, bref, éprouvent une réelle surexcitation ; ils commentent entre eux l'événement, car c'est pour eux un événement. Et, il n'y a pas à s'y tromper, ce qui les intéresse aussi vivement, c'est la nudité qu'on leur étale, c'est le caractère mortifiant, presque infamant de la correction. Qu'est-ce donc que ce plaisir non dissimulé, cette sorte de frémissement, sinon la caractéristique d'une passion sensuelle ? Il n'en aurait été nullement de même s'il s'était agi d'un tout autre genre de correction. L'enfant aurait reçu le double de gifles que de claques sur le derrière qu'il n'y aurait guère fait attention ou, tout au moins, la mortification en résultant n'aurait rien eu de comparable, et, pour les enfants qui en auraient été témoins, le fait n'aurait pas eu à beaucoup près la même saveur et le même piment.

Il y a donc une chose qui fascine incontestablement les enfants, c'est la vue de la nudité. Mais, pourra-t-on dire, s'il n'y a rien d'étonnant que des enfants aiment à en voir fouetter d'autres, aiment à voir leur nudité, jouissent de leur mortification, cela ne prouve nullement qu'ils aiment à être fouettés eux-mêmes et à voir exposée devant témoins leur propre nudité.

Avant d'examiner ce second point, nous tirerons d'ores et déjà la conclusion du premier : c'est qu'il est tout à fait nuisible pour les enfants au-dessus de sept à huit ans de leur donner le spectacle de la fessée d'un de leurs camarades sous prétexte de corser la punition de celui-ci en y ajoutant une publique mortification.

Ceci dit, revenons à notre thèse. On connaît cette ridicule et dégoutante manie, nous devrions dire maladie, pour être plus exact, qui porte certains individus à montrer leur nudité, surtout à des femmes et à des enfants. Cette passion, qui relève autant de la médecine que de la police correctionnelle, est désignée sous le nom d' « exhibitionnisme ». Assez rare heureusement chez les adultes, elle est relativement fréquente chez les enfants, surtout chez ceux au tempérament éveillé qui vivent dans un milieu immoral et qui ont sous les yeux des exemples les incitant au vice. Il va sans dire qu'une fillette toujours accompagnée de sa mère ou de son institutrice, dont on choisit les lectures, que l'on surveille dans ses jeux, à laquelle on cache tout spectacle immoral, toute gravure légère, etc., une telle fillette, disons-nous, aura les sens moins éveillés que telle autre qui, faute de la surveillance maternelle, polissonne une partie de la journée avec des gamins auxquels le vice est déjà familier. Le fait est tellement vrai qu'il est inutile de s'y arrêter.

Ce ne sont, par conséquent pas, en général, les enfants riches et soigneusement éduqués qui sont atteints de ce vice, mais les enfants abandonnés à eux-mêmes.

On a donc remarqué, chez beaucoup d'enfants, une tendance à exhiber leur nudité, soit à des camarades, soit à de grandes personnes. Dans le premier cas, c'est un peu par pure forfanterie; dans le second cas, c'est davantage par vice. Or, ce qui fait que certains enfants aiment à être fouettés, c'est que cela donne satisfaction à leurs penchants d'exhibitionnistes. Une passion ne peut guère se raisonner ni s'analyser, elle se constate, et celle-ci a été si souvent constatée qu'on peut dire qu'elle est extrêmement fréquente chez les enfants et les jeunes gens.

Ce vice est beaucoup plus commun chez les garçons que chez les filles, les poussées de la puberté se manifestant chez les premiers beaucoup plus violemment que chez les secondes; nombre de parents avouent d'ailleurs qu'ils sont obligés de surveiller spécialement leurs fils entre treize et seize ans; ceux-ci saisissent toutes les occasions de se montrer en posture indécente à leurs bonnes et surtout à leurs sœurs, lorsqu'ils en ont. A cet âge, l'enfant ne désire pas encore l'accouplement sexuel sur lequel il n'a même que des données incertaines, mais il trouve, dans l'état de sa propre nudité ou dans la vue de celle des autres, une intense satisfaction. Une ou deux anecdotes préciseront d'ailleurs les manifestations de ce penchant.

Un jeune homme de seize ans, élève d'un grand lycée de Paris, et dont la famille, des plus honorables, habitait un grand appartement au cinquième étage dans une rue voisine de l'Arc-de-Triomphe, cherchait à attirer l'attention d'une femme de chambre qu'il apercevait tous les matins à la fenêtre de la mansarde qu'elle occupait dans la maison en face ; comme la belle répondait à peine à son manège par un vague sourire de temps à autre, il n'avait jugé rien de mieux pour fixer ses regards que de se montrer à elle entièrement nu, sous prétexte de faire sa toilette, et de changer de chemise ; ce manège fut, paraît-il, répété plusieurs fois ; l'imprudent jeune homme fut, sans doute, trop audacieux et se mit probablement trop en vue, car une plainte fut faite au concierge qui s'empressa de la transmettre au papa de l'incandescent potache en disant que le commissaire de police interviendrait si la scène se renouvelait. Il est à présumer qu'elle ne se renouvela pas.

Un monsieur T..., rentier, qui habite aux environs du Bois de Boulogne, a l'habitude d'y aller presque tous les matins avant son déjeuner pendant la belle saison. Passant un jour dans un petit chemin, en lisant son journal, il aperçoit dans un massif, à quelques pas de lui, une fillette de huit à neuf ans, qui, debout contre un arbre, se disposait à accomplir un besoin naturel ; tournant le dos au promeneur qu'elle n'avait sans doute pas vu, elle retrousse tous ses vêtements, mettant bien en évidence une croupe assez potelée et s'accroupit ; le promeneur passa son chemin ; toutefois, ce manège lui sembla suspect, car la fillette n'était plus un bébé pour se poser avec tant de négligence, et il parut à M. T... qu'elle cherchait plutôt à se montrer qu'à se cacher. Il fit une centaine de mètres; puis, se retournant, aperçut à travers les arbres l'enfant qui semblait jouer avec de la terre; un autre promeneur, allant en sens inverse, vint à passer à ce moment. M. T... le suivit, mais à travers bois, pour dissimuler sa présence et il put confirmer le soupçon qu'il avait eu : l'enfant n'eut pas plus tôt aperçu le nouveau venu qu'elle se posta comme précédemment, étalant bien en vue son postérieur nu et restant debout quelques instants comme pour mieux relever ses jupes, puis s'accroupit encore au pied de l'arbre. Une telle incontinence n'était pas naturelle, d'autant plus que le manège se renouvela quatre fois de suite en moins d'une demi-heure et toujours devant des passants isolés. La fillette était vêtue plus que simplement, mais très proprement. M. T... pensa un instant qu'elle pouvait être l'instrument d'individus essayant d'entraîner, dans un guet-apens, des promeneurs imprudents; mais il reconnut que sa supposition était mal fondée, car l'enfant ne cherchait pas à attirer les passants et ne leur faisait aucun signe; il allait, en fin de compte, l'interpeller pour la menacer du garde si elle ne cessait pas ses indécentes exhibitions quand arriva une bande de cinq ou six autres enfants qui la rejoignirent et lui dirent qu'on s'en allait; derrière, venaient deux femmes, l'air parfaitement convenable, portant des pliants et des sacs à ouvrage, les mères de la bande sans nul doute, car elles s'éloignèrent derrière les enfants. M. T... s'était donc trouvé en présence d'un cas d'exhibitionnisme infantile bien caractérisé.

Moins fréquente chez les filles, comme nous l'avons dit, la passion de l'exhibitionnisme y est encore assez fréquemment observée. Nous avons connu une jeune fille, de fort honorable famille, qui ne manquait aucune occasion propice de satisfaire ce bizarre penchant. Son père très occupé hors de chez lui et sa mère depuis longtemps souffrante ne pouvant beaucoup s'occuper d'elle, elle était surtout laissée aux soins d'une bonne de confiance. Celle-ci, brave et honnête fille, mais peu clairvoyante, fut longtemps à se rendre compte du tempérament de l'enfant et développa sans le vouloir des penchants déjà violents par eux-mêmes.

C'est d'elle que nous tenons les détails qui vont suivre et dont nous avons pu, pour plusieurs, contrôler la rigoureuse exactitude.

L'enfant, appelons-la Georgette, avait treize ans, lorsque la bonne en question, Léonie, entra au service de ses parents. D'un caractère gai, aimable, elle était très remuante, très exubérante, un vrai garçon, disaient ses parents. Elle s'attacha vite à Léonie qui le lui rendit, et toutes deux devinrent vite très familières, l'enfant tutoyant sa bonne. Cette dernière venait l'éveiller tous les matins, et fréquemment la trouvait entièrement découverte dans son lit, le visage tourné du côté de la ruelle. « Voulez-vous bien cacher votre derrière », disait naturellement Léonie, peu impressionnée par le tableau. Georgette, très développée pour son âge, se contentait de s'étirer comme une jeune chatte, sans dissimuler pour cela des appas déjà rebondis, sur lesquels la bonne était obligée de rejeter elle-même le drap. Quelquefois, lorsque Léonie venait annoncer l'heure du lever, Georgette prétendait que ce n'était pas vrai, qu'il n'était pas si tard. « Regarde plutôt l'heure à ma montre », faisait l'enfant en repoussant ses draps et en étalant la nudité de son postérieur.

Comme nous l'apprendra la suite de l'histoire, ce goût s'aggravait ici d'un penchant très déterminé pour la flagellation.

Léonie avait plusieurs fois menacé Georgette de lui donner une claque sur le derrière, si elle recommençait, mais l'enfant n'avait fait que rire de la menace en disant que cela lui était bien égal ; une fois, Léonie mit sa menace à exécution, et, en riant, donna une tape sur les fesses de la fillette qui ne se déroba pas et resta exposée comme sollicitant la suite.

L'incident se renouvela plusieurs fois, si bien qu'un jour, poussée à bout par les taquineries de son démon en jupon, la bonne la menaça de la fouetter pour de bon, menace qui ne produisit que l'effet habituel. Bref, un beau matin, Georgette s'étant amusée à faire couler de l'eau froide dans le dos de sa bonne, pendant que celle-ci accroupie à ses pieds lui lavait les jambes, Léonie, justement courroucée, s'écria : « Pour le coup, vous allez être fouettée et solidement » ; puis, passant de la menace à l'exécution, elle relève la longue chemise de la délinquante qui n'oppose pas la moindre résistance et lui cingle le derrière d'une dizaine de claques. Georgette rit toujours. « Méchante, se contente-t-elle de dire, tu as tapé trop fort, je suis sûre que mes fesses sont toutes rouges », et, courant à l'armoire à glace, elle se trousse pour se regarder, si bien que Léonie est obligée de l'arracher à sa contemplation et de la rappeler à la décence. La scène se renouvela plusieurs fois sous des prétextes différents, et la bonne, piquée au jeu, accentuait chaque fois de plus en plus la rigueur de la fessée. Loin d'en vouloir à Léonie, Geörgette l'adorait et ne l'embrassait jamais tant que lorsqu'elle avait reçu le fouet.

Les choses durèrent ainsi pendant plus d'un an; un incident vint, toutefois, donner à réfléchir à la trop naïve Léonie. Un jour qu'elle se trouvait grimpée sur un marche-pied pour faire un nettoyage, Georgette se glissa derrière elle, lui retroussa brusquement ses jupons, et, sans crier gare, lui administra sur le derrière, que ne protégeait aucun pantalon, deux formidables claques. Abasourdie, Léonie dégringola du marche-pied, articulant à peine un : « Eh bien, ne vous gênez plus! » suffoqué. Triomphante, Georgette s'écria : « C'est chacun son tour, tu m'as assez donné le fouet, il faut que je te le rende », et, avant que sa bonne eût pu se remettre de sa surprise, elle courait à elle et l'embrassait en suppliant : « Laisse-toi faire, ma petite Léonie, cela m'amuserait tant de te fouetter »... Léonie, de plus en plus suffoquée, dut menacer la trop entreprenante fillette de raconter la scène à ses parents pour la faire tenir tranquille. A dater de ce jour, elle fût beaucoup plus circonspecte et cessa complètement ces menues privautés qu'elle avait cru si innocentes.

Peu de temps après, d'ailleurs, Georgette fut mise au couvent pour avancer son instruction un peu en retard. Elle s'y fit vite quelques amies intimes auxquelles elle raconta que ses parents étaient très sévères pour elle, que sa mère la faisait fouetter presque tous les jours par la bonne avant de la mettre au couvent, ce qui fit écarquiller de grands yeux et ouvrir de grandes oreilles à ses auditrices. Georgette sortait du couvent le samedi soir et passait le dimanche avec ses parents. Un lundi, à la récréation, elle raconta devant cinq ou six camarades que le samedi précédent son père, mécontent de ses notes de semaine, l'avait fouettée deux fois avant le dîner, puis l'avait fait dîner en chemise, et, après le dîner, l'avait fait mettre à genoux pendant un quart d'heure sur un fauteuil, la chemise relevée par-dessus la tête, devant un monsieur et une dame qui dînaient à la maison et devant la bonne, et que celle-ci lui avait encore donné une fessée avec des verges en allant la coucher. Cette horrifique histoire produisit un tel effet sur les autres enfants qu'elles en causèrent et qu'il ne fut bientôt plus question d'autre chose dans la classe ; des enfants, la chose passa aux domestiques, puis aux parents et, de fil en aiguille, arriva aux oreilles des parents de Georgette, dont la stupéfaction et la fureur ne sauraient se décrire, car ils n'avaient peut-être pas donné trois fessées à leur fille dans toute son existence, et elle n'avait pas encore cinq ans quand elle avait reçu la dernière.

Cette histoire, forgée de toutes pièces dans l'imagination d'une grande fillette de quatorze ans, n'est-elle pas véritablement étrange et ne trahit-elle pas une passion sensuelle bien caractérisée : l'exhibitionnisme et la passion du fouet?

Le cas n'est pas très rare, d'ailleurs, d'enfants racontant des histoires du même genre ; aussi les magistrats accueillent-ils avec une sage circonspection les dépositions des enfants dans des affaires de mœurs ; telles de ces dépositions, susceptibles d'envoyer des gens aux galères, ont été reconnues fausses de tout point et il est acquis que l'enfant agit de sa propre impulsion, et non d'après les conseils d'un tiers intéressé.

CHAPITRE IX

La flagellation passive chez les enfants (*suite*). — Jeux dans un atelier vide : « A la maîtresse d'école ». — Ebats juvéniles en plein air; des jupes qui s'envolent. — Marraine et fillcule : une fessée bien accueillie. — Aberration de deux jeunes gens.

M. P..., sculpteur, occupait à Grenelle un immense atelier au rez-de-chaussée d'une sorte de cité d'artiste, le premier d'une enfilade de quatre ateliers contigus les uns aux autres. L'atelier voisin du sien était vacant, et des enfants de la maison et du voisinage venaient quelquefois y jouer après l'école. Une petite galerie, placée dans le haut de la pièce, formait une sorte de soupente sur laquelle M. P... avait installé une table de toilette, un bureau, un porte-manteau, etc. A hauteur de cette galerie il s'était détaché quelques plâtras de la cloison en mauvais état séparant les deux ateliers, de sorte que M. P... pouvait, par cette ouverture, voir dans l'atelier contigu.

Un jeudi que M. P... se trouvait sur sa galerie, quittant sa blouse pour s'en aller, regardant machinalement dans l'atelier voisin, il vit un spectacle qui attira son attention : une demi-douzaine de filles de six à douze ou treize ans et deux gamins de huit ans jouaient à la maîtresse d'école. La plus grande des filles, qui s'était attribué ce rôle, gourmandait les autres d'une voix aigre et criarde, indiquait des leçons à apprendre et se promenait de long en large, tapant d'une règle sur un livre en criant : « Silence ! » d'une façon si sérieuse que M. P..., derrière son observatoire, s'en amusait beaucoup. La classe était d'ailleurs portée à la dissipation et les réprimandes allaient leur train : « Mademoiselle Marthe », faisait la maîtresse, « si vous continuez à bavarder, je vais vous envoyer chez la directrice ; venez un peu me réciter votre histoire de France, vous allez voir ça ». Mlle Marthe se leva et se mit à bredouiller, en faisant force grimaces, une série de bêtises qui lui valurent un sévère : « C'est bien, mademoiselle, vous ne savez pas un mot, vous allez recevoir le fouet ». Mlle Marthe, gentille brunette d'une dizaine d'années, se leva hardiment et s'en alla trouver la maîtresse qui lui releva ses jupes, écarta son pantalon et lui donna plusieurs claques sur le derrière devant toute l'assemblée. Tout à fait dans la peau du rôle, Mlle Marthe s'en alla à sa place en faisant semblant de pleurnicher. A celle-ci succéda Mlle Alice, la plus jeune de la bande, qui fut fouettée avec le même cérémonial, puis ce fût le tour d'un des garçons, auquel on rabattit la culotte, en lui mettant un cornet de papier sur chaque oreille, figurant ainsi le bonnet d'âne ; il dut rester pendant une minute le nez contre le mur. Une autre des filles, qui, celle-là, ne portait pas de culotte, se troussant elle-même jusqu'au ventre, vint effrontément offrir son derrière à la maîtresse, imperturbable dans ses fonctions, et, sa fessée reçue, se mit à galoper autour de l'atelier, tenant toujours ses jupes relevées au-dessus des hanches. L'anarchie régnait alors parmi les élèves, malgré les menaces de la maîtresse impuissante à maintenir l'ordre. L'une des deux élèves qui n'avaient pas encore été corrigées était couchée sur les genoux de l'autre qui l'avait troussée et ouvrait son pantalon, appelant la maîtresse pour qu'elle vînt remplir son office. Quand ce fut fait, la maîtresse l'empoigna à son tour; elle se laissa faire, mais souleva de son côté les jupes de la maîtresse et écarta l'échancrure du pantalon pendant qu'une autre frappait à grands coups la partie mise à jour. La grande fille poussa alors des cris de paon, disant que ce n'était pas du jeu, qu'on ne devait pas fouetter la maîtresse; il s'en suivit une mêlée générale où toutes les fillettes se fouettèrent réciproquement, pendant au moins cinq bonnes minutes; la jeune sans-culotte qui s'était déjà signalée prenait un plaisir particulier à s'offrir aux claques de ses camarades et, pour plus de commodité, avait rejeté ses jupes et sa chemise par-dessus sa tête. A un moment donné, le second des garçons qui avait été mis en sentinelle près de la porte entrebâillée signala l'arrivée de quelqu'un, et immédiatement tout ce petit monde, revenant s'asseoir à terre, prit un air innocent. Quelques instants après, une des fillettes ayant été emmenée par sa grand' mère, la bande sortit et s'en fut jouer dehors.

M. P... fut témoin de scènes semblables, à trois ou quatre reprises différentes. Mais, un jour, la concierge de la cité, venant retirer du linge qu'elle avait mis à sécher dans l'atelier, tomba au beau milieu des ébats de ces demoiselles au moment précis où toutes les jupes volaient en l'air. « Eh bien! en voilà des petites saletés, s'écria-t-elle indignée, attendez un peu, je m'en vais vous faire montrer vos derrières » et elle distribua impartialement quelques calottes, tandis que la bande se précipitait vers la porte sans demander son reste. L'atelier fut, par la suite, fermé à clef, et les enfants n'y reparurent plus.

Mme N..., artiste-peintre, se trouvait un jour chez des amis et, à propos d'un fait divers lu dans un journal, la conversation vint à s'engager sur la dépravation chez les enfants, Mme N... cita, à cette occasion, l'anecdote ci-après qui nous a été rapportée par un des auditeurs présents : Mme N..., qui passe régulièrement plusieurs mois par an en Normandie, était un jour assise contre une haie en train de crayonner sur son album quelques animaux au pâturage. A un certain moment, elle vit venir de son côté une petite bande d'enfants qui ne l'aperçurent pas et s'arrêtèrent, deux minutes après, précisément de l'autre côté de la haie contre laquelle elle travaillait ; il y avait une fille de treize à quatorze ans portant un bébé d'un an dans ses bras, deux autres filles de dix et douze ans environ, un bambin de quatre ans et un autre de neuf à dix ans. A cet endroit, le champ contigu était fermé par une barrière fixe, formée par deux poteaux et deux traverses horizontales.

Mme N..., sans s'occuper des enfants dont elle entendait le bavardage à travers la haie continuait à travailler quand elle entendit soudain la grande fille crier : « Oh! mon Dieu! mon Dieu! ne regardez pas, je montre mon derrière, on voit tout, ça me fait rougir, ne regardez pas... », etc. Un peu intriguée, Mme N... se leva de son pliant, et vit, à travers la haie, la grande fille, la tête en bas, les jambes en l'air, c'est-à-dire qu'elle avait les deux mains par terre et les deux pieds sur la traverse du haut de la barrière et elle se trémoussait pour faire dégringoler ses jupes.

Mme N... qui avait cru à un accident, vit tout de suite qu'il s'agissait d'un jeu; le poupon avait été assis au pied d'un pommier, la seconde des filles venait de faire retomber les jupes et la chemise de la plus grande par dessus sa tête et lui donnait des claques sur les fesses nues, cependant que celle-ci criait : « Je le dirai à Madame... Madame! Marguerite me donne le fouet, elle fait voir mon derrière à Pierre et à Jeanne. » Jeanne, la troisième des filles, et Pierre, le plus grand des garçons, étaient à califourchon sur la barrière; quant à l'autre bambin, il était à côté du poupon regardant la scène. Cependant, Jeanne n'avait pas tardé à imiter la grande fille et était passée de l'autre côté de la barrière la tête la première et faisait des culbutes sur l'herbe de la façon la plus indécente, montrant ses cuisses, son ventre et son derrière nus; Pierre était descendu, et, avec la grande fille qui s'était relevée, ils s'emparaient de Marguerite qui se laissait faire complaisamment et, l'ayant troussée, lui donnèrent à son tour quelques claques sur le derrière, puis tous trois coururent à Jeanne qui, étendue sur l'herbe, retroussée jusqu'à la ceinture, les regardait faire; elle aussi reçut bénévolement sa petite correction, criant pourtant que Pierre frappait trop fort.

Mme N..., qui avait voulu savoir jusqu'où irait le divertissement, crut devoir y mettre un terme, et, écartant un peu la haie, elle passa sa tête et s'écria : « Attendez un peu, polissons, je vais le dire à vos parents... » Toute la bande fut d'un bond sur pied, la grande fille se ressaisit du poupon et les enfants détalèrent comme si le diable eût été à leurs trousses, sans même chercher à savoir par qui ils avaient été ainsi surpris. Quelqu'un ayant fait remarquer à Mme N... qu'elle était peut-être intervenue trop tôt, et que peut-être elle eût assisté à bien autre chose, celle-ci affirma que les enfants ne poussaient certainement pas plus loin leur dépravation, que le garçon ne prêtait nulle attention au sexe des filles et que celles-ci ne faisaient pas de différence entre elles et lui; sans aucun doute, ils savaient qu'ils faisaient mal, mais apportaient une innocence relative dans leur dépravation.

Dans la même réunion, et à l'appui de l'opinion qui venait d'être émise, une autre dame raconta le petit fait suivant : peu de temps avant son mariage, cette dame était allée passer, comme tous les ans, un certain temps chez sa sœur aînée, mère d'une fillette qui venait d'avoir treize ans. La narratrice qui était encore, à cette époque, Mlle A..., adorait sa nièce et filleule qui, de son côté, raffolait d'elle et ne la quittait guère d'une semelle; Margot, c'était le nom familier de cette dernière, était d'une nature quelque peu exubérante, et, comme sa tante était de son côté très enjouée, toutes deux faisaient des parties comme si elles eussent été du même âge.

Un jour de pluie, Mlle A... lisait un roman, Margot jouait à la poupée, toutes deux seules dans une chambre; la fillette, trouvant la situation monotone, vint, à un moment, chatouiller par derrière l'oreille de sa tante. Par deux ou trois fois, celle-ci se contenta de se gratter, à la grande joie de Margot qui trouva le jeu si exquis qu'elle recommença. Mlle A... lui ordonna de finir, d'un ton qui voulait être menaçant; peine perdue, Margot recommença de plus belle, prétendant qu'elle forcerait bien sa tante à lâcher son livre. Mlle A... lui dit alors que si elle la forçait à le lâcher, cela lui vaudrait une jolie fessée. A cette perspective de combat, la joie de la fillette ne connut plus de bornes et elle n'en continua que de plus belle ses taquineries. Voyant qu'il lui était impossible de continuer à lire, Mlle A... posa alors son volume et courut après Margot, qui, se sauvant dans la chambre, poussant un tabouret, renversant une chaise, tournant autour d'une table, transforma cette poursuite en un véritable steeple-chase; mais enfin, sa tante l'attrapa et, lui relevant ses jupes, lui donna par dessus son pantalon quelques légères claques sur le derrière, ce dont Margot ne fit que rire jusqu'aux larmes : « Ce n'est pas comme ça qu'on fait, s'écria-t-elle en narguant sa tante, quand celle-ci l'eût lâchée, tu ne sais même pas t'y prendre, ce n'est pas une vraie fessée, je n'ai rien senti du tout, fallait défaire mon pantalon... — Prends garde que je ne le défasse, si je recommence », interrompit Mlle A..., en essayant de reprendre sa lecture; mais le jeu était trop amusant pour que Margot voulût bien s'arrêter et les chatouillements et les défis reprirent de plus belle... « Attrape-moi donc si tu peux, tu ne pourras jamais, tu n'es pas assez forte... »; mais, comme elle s'était approchée d'un peu près, Mlle A... l'attrapa par un bras, et l'empoignant fortement, lui releva ses jupes et lui défit, cette fois, son pantalon, puis elle lui donna, sur le derrière nu, quelques claques bien appliquées. « Là! fit-elle, tu l'as reçue pour de bon, cette fois, tu vois que je t'ai bien attrapée, une autre fois, tu me laisseras lire tranquille. »

Pendant cette petite opération, Margot, qui ne s'était nullement défendue et qui avait à peine cherché à protéger de sa main la partie châtiée, n'avait cessé de rire aux éclats; elle remonta son pantalon, le reboutonna et, tout essoufflée, vint s'asseoir sur le bras du fauteuil de sa tante et, entourant le cou de celle-ci de ses deux bras, elle l'embrassa à l'étouffer. Le surlendemain, Mlle A... était en train d'écrire une lettre, seule avec Margot, et celle-ci voulut recommencer le même jeu, mais Mlle A..., qui tenait à terminer sa lettre, lui dit très sérieusement de la laisser tranquille. « Oh! si, marraine, fit Margot en l'embrassant, je t'en prie, jouons encore comme avant-hier, dis, tu me donneras encore le fouet. . » Un peu surprise, Mlle A... s'arrêta et la regarda fixement: « Cela t'amuse donc d'être fouettée, lui fit-elle? — Oh!

oui, répondit ingénument Margot, tu ne peux pas t'imaginer comme cela me fait plaisir... ». Troublée et surprise à la fois, Mlle A... ne savait trop que penser. « En voilà une idée » fit-elle, « est-ce que ta mère te fouette quelquefois? —Oh! non, jamais », répondit Margot, « Papa, oui, et encore plus maintenant : il y a plus d'un an qu'il ne m'a pas donné le fouet; seulement il frappait fort, lui, tu comprends que maintenant je suis trop grande pour qu'on me donne le fouet pour de vrai. » Sans être d'une expérience consommée, Mlle A... sentit alors le sentiment inconsciemment pervers qui faisait agir la fillette, et, au grand désappointement de celle-ci, elle ne lui donna pas la correction désirée.

L'exemple ci-après, d'un caractère beaucoup moins bénin que les précédents, montre jusqu'à quel degré d'aberration certains jeunes gens peuvent atteindre pour satisfaire leur passion.

On sait quelles énergiques campagnes de presse furent menées à différentes reprises pour débarrasser les abords de certains lycées des filles publiques qui, pendant les mois d'hiver notamment, cherchaient à débaucher les plus grands élèves à leur sortie du lycée. Le scandale dura longtemps et souleva à maintes reprises les réclamations indignées de nombreux parents; on en vint à bout, mais ce ne fut pas sans peine. A la suite d'enquêtes de police, il fut établi notamment que, dans le voisinage d'un lycée que nous ne voulons pas préciser, l'histoire étant relativement récente, une fille publique avait trouvé le moyen d'attirer chez elle deux jeunes gens qui y venaient, tantôt l'un, tantôt l'autre, tantôt les deux ensemble, et qu'elle les fouettait devant des clients à elle, surtout des messieurs âgés qui avaient la passion de ce genre de spectacle. C'était une véritable spécialité qu'avait cette fille, et sa clientèle était, paraît-il, nombreuse ; quant aux jeunes gens, c'était avec une lubrique satisfaction qu'ils servaient d'acteurs dans ces exercices obscènes et les aveux qu'on leur arracha révélèrent des détails qui seraient à peine croyables si tout n'avait déjà été dit en matière de dépravation. Ils étaient fouettés, soit avec la main, soit avec des verges, des martinets et d'autres instruments aussi variés que bizarres. Quelquefois, la fille se contentait de rabattre leur pantalon, mais souvent elle les déshabillait entièrement, et souvent aussi elle les habillait en robes courtes, avec corsets et pantalons de fillettes, équipement dont raffolaient certains clients. L'affaire en question fut d'ailleurs étouffée pour éviter le scandale qui aurait rejailli sur les deux familles intéressées.

CHAPITRE X

La flagellation active chez les enfants. — Une classe entière fouettée par un pédagogue en herbe et ce qui s'en suivit. — Férocités de gamins. — Distractions de jeunes apaches.

A côté de ces exemples de flagellation passive, nous rapporterons quelques anecdotes qui montrent que le goût de la flagellation active existe également chez certains enfants et jeunes gens, et qu'il se manifeste même quelquefois avec une violence incroyable.

Un magistrat, qui occupe aujourd'hui un poste élevé en province, nous a conté incidemment, et au cours d'une conversation où l'on discutait des méfaits de l'internat pour les jeunes gens, l'anecdote suivante qui nous a paru assez concluante pour être relatée ici.

Il avait été mis, étant enfant, en pension dans une institution des environs de Paris pour y faire sa première communion; il y resta deux ans. Il n'y avait guère que sept ou huit internes, les autres élèves habitant la localité. Indépendamment du directeur, il y avait un maître d'anglais, un maître de dessin qui ne venaient chacun que quelques heures par semaine, et un professeur dénommé pompeusement professeur de sciences, ami de la dive bouteille et qui ne venait presque jamais. Le maître de l'établissement, excellent homme, mais encore imbu, sans doute, de l'ancienne discipline, corrigeait quelquefois les élèves tapageurs en leur administrant sur le derrière quelques coups d'un jonc qui servait à battre les habits, mais il les donnait avec une certaine indulgence et toujours par-dessus le pantalon. Il avait un fils de dix-sept ans, se croyant déjà un homme, et qui l'aidait à ramasser les devoirs, faire réciter les leçons, et qui aspirait surtout à exercer le droit de correction sur les élèves; quand il était seul avec eux dans une classe, il leur disait que lorsqu'il succéderait à son père, dans un ou deux ans, il serait bien plus sévère que lui et fouetterait les élèves, mais « pour de vrai », menace qui donnait la chair de poule à plusieurs, dont notre ami.

Les circonstances favorisèrent plus tôt qu'il ne le pensait les aspirations du jeune pédagogue. Son père se trouva un beau jour cloué au lit par des rhumatismes, et il devint maître de la place, le professeur de sciences étant absent et la maîtresse qui faisait la petite classe se trouvant dans un autre pavillon. Il eut la charge de la seconde classe; les grands restant seuls dans une classe attenant à la chambre du directeur.

Le premier jour de son gouvernement, Léon, c'était le petit nom de notre héros, mit en retenue le jeune R..., de qui nous tenons cette histoire, sous prétexte d'une leçon mal sue; il l'enferma pendant la récréation dans une petite pièce isolée, en lui disant qu'il lui ferait réciter à nouveau sa leçon; il vint, en effet, un quart d'heure après, et déclara que la leçon était encore plus mal sue que le matin. Il ordonna alors au jeune R... de défaire son pantalon et, comme ce dernier refusait en pleurant, cherchant à s'échapper, il s'empara de lui, le déculotta malgré ses efforts et lui donna une brutale fessée en le menaçant d'aller le raconter à toute la classe s'il continuait à pleurer. Cette menace parut à l'enfant plus humiliante encore que la correction elle-même, et il sécha ses larmes pour qu'on ne vît pas qu'il avait pleuré.

La récréation finie, Léon annonça au début de la classe, aux dix ou douze élèves qu'il avait sous sa coupe, qu'il entendait que les devoirs fussent mieux faits et les leçons mieux sues, et que ceux qui auraient des mauvaises notes auraient affaire à lui. « Je vous préviens, ajouta-t-il, que je ne donnerai pas de pensums, mais si vous voulez savoir ce qui vous attend, demandez à R... » Tous les regards se tournèrent en une muette interrogation vers celui-ci, qui rougit jusqu'aux oreilles, enfouissant obstinément le nez dans son cahier. « N'est-ce pas, R..., poursuivit triomphalement Léon, qu'une fessée bien appliquée ça fait plus d'effet qu'un pensum? » Un léger frémissement parcourut l'assemblée à ces paroles, et les figures se penchèrent craintivement vers les cahiers ou les livres. Quelques minutes après, le jeune maître ayant quitté la salle, tous les écoliers se redressèrent et assaillirent simultanément R... de leurs questions : « Qu'est-ce qu'il t'a fait?... — C'est vrai qu'il t'a donné le fouet?... — Il te l'a donné pour de vrai? C'est donc ça que t'as pleuré, ça se voit à tes yeux, etc., etc. » R...

niait, n'osant avouer l'humiliante correction, quand un bruit de pas fit replonger tout le monde sur le devoir commencé. La menace avait sans doute été efficace, car cet après-midi là, malgré son secret désir, Léon ne put trouver personne en défaut. Il ne tarda pas à se rattraper.

Le réveil avait lieu pour les quelques pensionnaires à sept heures, et c'était la vieille bonne de la maison qui allait agiter tous les matins une clochette dans le dortoir; les enfants ne se levaient guère qu'un quart d'heure après et se lavaient, Dieu sait comme, avant de descendre déjeuner, pour dormir plus longtemps; quelquefois un retardataire était mis en retenue, mais c'était rare.

Le lendemain, la cloche fut sonnée à l'heure habituelle et, comme de coutume aussi, les enfants restèrent dans leur lit; ils devaient cette fois payer cher leur confiante quiétude. Cinq minutes après le réveil, l'important Léon faisait irruption dans le dortoir. « Ah! Ah! s'écria-t-il, je m'en doutais bien, c'est comme cela qu'on se lève!... »

Aux premiers mots, tous les enfants s'étaient précipités en bas du lit et avaient commencé à passer, qui son pantalon, qui ses bas. « Non, non, fit Léon d'un air grave, chacun à côté de son lit, en chemise, inutile de mettre vos pantalons, ça vous évitera la peine de les retirer, allons, par qui commençons-nous? »

Prenant par la main l'enfant qui se trouvait le plus près de lui, il le traîna malgré ses efforts au milieu de la pièce et le fouetta sous les yeux de tous ses camarades. Le second fit un peu plus de résistance; mais, devant la menace d'en recevoir le double, il se soumit. « D'ailleurs, fit observer Léon, il n'y aura pas de jaloux, tout le monde en aura. »

Tout le monde en eut en effet, et, pendant un quart d'heure, Léon fessa à tour de rôle les pauvres moutards, dont la plupart se laissèrent faire d'ailleurs assez docilement, trouvant cette humiliation collective moins pénible que si elle leur eût été personnelle. Léon exultait, bouffi d'orgueil, et se rengorgeant de jouer si triomphalement au maître d'école.

Le lendemain et les quelques jours suivants, il put se livrer encore à son exercice favori et, sous des prétextes plus ou moins plausibles, pour des délits qu'il s'ingéniait à découvrir, il administra encore une dizaine de fessées en pleine classe, comme il le disait, sans que les élèves terrorisés osassent se soustraire à ses corrections.

Mais la Roche Tarpéïenne est près du Capitole, et Léon devait en faire la cruelle expérience.

Un beau matin, son père, auquel les rhumatismes avaient donné un peu de répit, arrive inopinément dans la classe et reste médusé sur le seuil en apercevant un gamin, les yeux tout rouges, en train de se reculotter, et un autre, le derrière à l'air, que son fils est en train de fouetter, si absorbé dans sa besogne qu'il n'a rien entendu...

Désireux d'éviter une explication publique, le père fit monter son fils dans sa chambre où, après un court entretien, il dut lui administrer une copieuse raclée, car l'on entendit de toute la maison le pauvre Léon pousser des hurlements lamentables pendant plus de cinq minutes, et la séance se renouvela trois jours de suite, pendant lesquels le jeune instituteur dut faire d'amères réflexions sur l'inconvénient qu'il y a à usurper les fonctions et les prérogatives paternelles.

Voici une autre anecdocte qui nous a été racontée par un ancien brigadier de sergents de ville et qui, à l'époque où elle se passa, motiva un rapport de police en règle.

Il y a quelque trente ans existaient encore dans le quartier des Buttes-Chaumont d'immenses terrains vagues, clos de palissades servant de chantiers de pierres de taille, et que la police surveillait d'assez près.

Un jour, vers cinq heures, deux agents remarquèrent les allées et venues d'une bande de gamins paraissant très affairés et qui, presque tous armés de bâtons, entraient dans ces terrains et en ressortaient comme pour en surveiller les abords. C'était au moment où se produisaient entre gamins d'arrondissements différents, ou même d'écoles différentes, de véritables rixes au cours desquelles plusieurs enfants avaient été blessés par des pierres ou autres projectiles, et les sergents de ville étaient obligés de donner la chasse à ces bandes de morveux, ce qui n'était pas toujours commode.

Nos deux agents flairèrent quelque manigance et, rebroussant chemin comme pour s'éloigner, pénétrèrent dans le terrain par un côté opposé et aperçurent de loin un groupe d'une trentaine de gamins dont ils purent s'approcher doucement et sans être vus, en se faufilant derrière des pierres de taille. Parvenus à une vingtaine de mètres, ils virent un spectacle qui ne manquait pas d'imprévu : trois enfants étaient prisonniers de la bande : un de douze à treize ans, et deux autres un peu plus jeunes ; le plus grand, dépouillé de tous ses vêtements, y compris sa chemise, était entièrement nu ; les deux autres avaient seulement leur pantalon enlevé ; leurs agresseurs, qui étaient à peu près dix contre un, n'avaient pas eu de peine à les maîtriser et à les réduire en cette tenue, et ils étaient en train de les fouetter avec un acharnement tel que, quand les agents s'élancèrent pour les délivrer, ils étaient dans un état réellement pitoyable.

Point n'est besoin de dire qu'aussitôt que les agents se furent montrés, les gamins disparurent comme une volée de moineaux, sans qu'il fût possible d'en attraper un seul, l'un des gardiens étant venu à faire une chute assez grave en les poursuivant.

Parmi ces mauvais sujets, il y avait deux filles, dont l'une, qui semblait commander la troupe, avait au moins quinze ans.

Les trois malheureuses victimes racontèrent qu'étant avec cinq ou six de leurs camarades, ils avaient été cernés par toute la bande qui venait de se sauver et contre laquelle ils se battaient tous les soirs ; leurs compagnons avaient pu se sauver, mais les avaient abandonnés ; que c'étaient les deux filles qui avaient donné l'idée de les fouetter, et qu'il y avait plus d'un quart d'heure que cela durait. Les agents firent rhabiller les malheureux dont un avait été si maltraité qu'on dût le porter pour le reconduire chez ses parents.

L'histoire qui va suivre, bien qu'elle ne concerne pas les enfants, nous a paru également assez concluante pour être relatée.

Un honorable négociant, M. N..., venant de Pantin, rentrait à Paris à pied un soir de décembre vers six heures. Il faisait nuit complète, et il était arrivé à environ deux à trois cents mètres des fortifications, quand il croisa un groupe qui le fit se retourner et s'arrêter : une femme d'une quarantaine d'années, pauvrement vêtue, nu-tête, marchait à côté d'une grande fille de dix-sept ou dix-huit ans, nu-tête également, aux allures de drôlesse déjà bien caractérisées, et qu'elle gourmandait violemment ; elle avait même dû la corriger, car celle-ci répliquait sur un verbe également élevé disant que ce n'était pas une raison pour lui f... des coups. A quelques pas derrière, marchaient trois drôles d'une vingtaine d'années, figures de souteneurs et d'escarpes, qui ricanaient en interpellant les deux femmes.

« Donnez-y donc le fouet et puis que ça finisse, » disait l'un d'eux au moment où M. N... passait, sans que la présence de ce dernier parût aucunement les préoccuper.

C'est alors que M. N... s'arrêta ; l'endroit était absolument désert, dépourvu de maisons en raison de la proximité de la barrière, et il n'y avait en vue aucune voiture, aucun passant. Après qu'ils eurent fait une trentaine de mètres, M. N... put apercevoir le trio courir en avant vers les deux femmes, puis il entendit des cris d'appel... Bien qu'il ne fût armé que d'une simple canne, M. N..., assez vigoureusement taillé d'ailleurs, rebroussa chemin et courut voir ce qui se passait : par un coup familier aux lutteurs, un des individus avait saisi par derrière les deux bras de la femme dans les siens entrecroisés, et la maintenait impuissante contre lui, tandis que les deux autres, s'emparant de la fille, lui avaient retroussé tous ses vêtements, et, étalant sa maigre et longue nudité, un la maintenait à pleine taille, tandis que l'autre la fouettait sous les yeux de sa mère et se livrait à des attouchements obscènes.

L'arrivée de M. N..., l'air menaçant et la canne levée, fit lâcher prise aux trois drôles qui s'éloignèrent en ricanant, mais sans se presser, et en gens sûrs de n'être pas poursuivis. La femme expliqua à M. N... que c'étaient des souteneurs qui avaient déjà débauché sa fille et qui essayaient de l'entraîner tout à fait; elle venait de les rencontrer ensemble et, comme elle avait emmené sa fille avec elle, elle avait eu à subir de leur part, depuis plus de dix minutes, toutes sortes d'injures, et que l'un d'eux l'avait même déjà frappée d'un coup de pied.

Des ouvriers, étant venus à passer au même moment, s'offrirent pour accompagner un peu les deux femmes et les protéger d'une nouvelle attaque des malandrins, et M. N... put continuer son chemin.

. . . .

Nous avons recueilli un assez grand nombre d'autres observations sur le même sujet, nous avons dû limiter nos citations parce que ces histoires ne diffèrent guère dans les détails, parce qu'il nous faudrait presque un volume pour les relater toutes, et parce qu'aussi la plupart comportent des développements de nature trop scabreuse pour trouver leur place ici.

Ce que nous pouvons conclure d'une façon générale, c'est que beaucoup d'enfants, comme nous le disions au début, ont, à partir d'un certain âge, une propension marquée à s'exhiber et un goût assez vif pour la flagellation ; en général, ce goût est plus prononcé chez les fillettes que chez les garçons jusqu'à l'âge de la puberté, mais, à partir de cette époque, les choses se transforment, les filles perdent cette manie qu'il est assez rare de rencontrer chez une jeune fille ou chez une femme, tandis qu'elle se développe chez les garçons, au point de devenir, vers l'âge de quinze à dix-huit ans chez certains, une véritable passion que les années n'arrivent pas toujours à faire disparaître ou même à atténuer.

QUATRIÈME PARTIE

LA FLAGELLATION DANS LA DÉBAUCHE

CHAPITRE XI

La flagellation dans la débauche. — Les temples et les prêtresses de la flagellation à Paris, maisons publiques, maisons de rendez-vous, maîtresses d'anglais, etc.

Dans cette partie de notre étude, le champ qui s'ouvre à nous est, pour ainsi dire, illimité; de tout temps, il s'est trouvé des individus pour lesquels la flagellation a été un puissant stimulant de la sensualité. Nous nous sommes interdit, dans le présent ouvrage, de faire dans le domaine rétrospectif d'autres incursions que celles qui étaient indispensables pour la clarté de notre thèse ; nous ne remonterons donc ni aux Grecs, ni aux Latins, et nous arriverons de suite à étudier la question à l'époque actuelle.

Nous allons examiner l'état des choses à Paris, où la manie de la flagellation a pris une extension considérable, en raison du développement même de la prostitution, de l'afflux des étrangers en nombre toujours

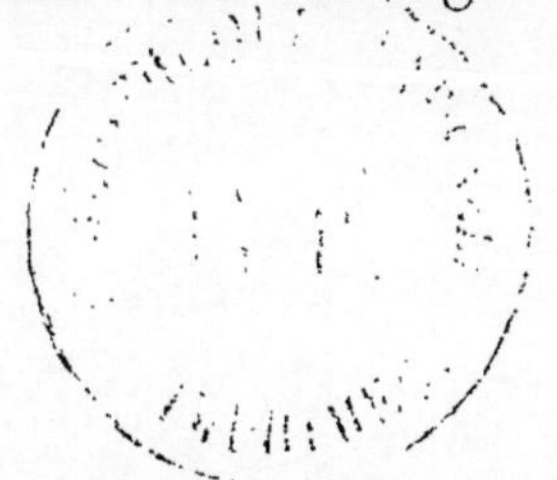

croissant, de la publicité qu'offre à la débauche une certaine partie de la presse quotidienne et non la moins répandue.

Il n'est guère de maison de tolérance qui ne possède un arsenal complet d'instruments de flagellation à l'usage des amateurs, et il n'est guère de jour où ces instruments n'aient à servir. En général, les adeptes du sport en question préfèrent subir la correction que la donner, néanmoins, s'ils désirent pratiquer les deux exercices, ils trouveront toujours, dans le personnel de ces paradis hospitaliers, des dames complaisantes disposées, moyennant finances, à se prêter à leur fantaisie.

Il est bon de noter que c'est dans les établissements les plus luxueux que se rencontrent les fervents de la flagellation. Dans les établissements à prix doux, dans ceux des quartiers populeux, ceux des boulevards extérieurs par exemple, cette fantaisie est beaucoup plus rare. Ces maisons sont fréquentées par une clientèle plus terre à terre, moins raffinée et qui s'attarde peu aux bagatelles de la porte ; en outre, dans ces maisons, les clients sont nombreux et les instants de ces dames sont comptés; aussi le temps est-il mesuré à leurs amants de passage, qui n'ont guère le loisir de goûter aux hors-d'œuvre de la volupté ; enfin et surtout, si ces dames n'ont, en général, rien à refuser à leurs clients, c'est à la condition que ceux-ci rétribuent leurs complaisances; or, l'ouvrier, le petit employé n'ont point le Pactole dans leur poche et sont obligés de régler leurs débauches sur l'état de leurs finances.

Si des maisons de tolérance nous passons aux maisons de rendez-vous, nous trouverons un état de choses encore plus caractérisé et il en est de même chez les femmes seules. Ceci s'explique assez facilement. La maison de tolérance est un lieu de passage, un endroit où l'on va assez volontiers entre amis pour terminer un soir de fête ; les hommes qui y vont isolément sont beaucoup plus rares que ceux qui y vont en groupes. Beaucoup se contentent d'y prendre un verre de champagne ou de bière, en compagnie des déesses peu vêtues de ce temple païen, et en sortent la vue satisfaite ; en outre, la maison de tolérance n'est guère fréquentée le jour, la plupart des amateurs se souciant peu qu'on les voie y entrer ou en sortir. Cela enlève aux maisons publiques une grosse partie, et non la moins sérieuse, de leur clientèle, c'est-à-dire les gens mariés, qui peuvent bien dérober à leurs occupations une ou deux heures dans l'après-midi, mais qui, après le dîner, ne peuvent s'absenter seuls sans éveiller les soupçons de leur épouse ; cette constatation a l'air un peu fantaisiste, mais elle est de la plus parfaite exactitude.

Les maisons de rendez-vous, au contraire, reçoivent dans la journée la plus grande partie de leur clientèle, et la plupart même cessent de fonctionner à partir du dîner, les dames qui les fréquentent d'habitude reprenant leur liberté et allant terminer leur soirée dans un music-hall ou dans une brasserie, ou, quand elles sont mariées, ce qui est assez fréquent, allant savourer les douceurs de l'intimité conjugale.

Plus que la maison de tolérance, la maison de rendez-vous a donc des clients fidèles, des habitués dont on connaît les passions spéciales parmi lesquelles celle de la flagellation est si répandue que dans la plupart de ces maisons cette pratique est une véritable spécialité. Ce que nous disons des maisons de rendez-vous s'applique également, nous pouvons dire s'applique surtout, aux femmes en chambre « travaillant » seules ou avec une amie, aux « maîtresses d'anglais » ou aux « dames sévères » dont on trouve les adresses dans les petites annonces de certains grands journaux qu'il est inutile de nommer.

On a souvent dit que le goût du fouet était spécial aux vieux messieurs blasés, pour nous servir d'une expression consacrée ; c'est une erreur, ce goût existe aussi, et plus souvent même, chez des hommes dans la force de l'âge et chez des jeunes gens qui n'ont nul besoin de cet adjuvant pour réveiller leurs facultés génésiques, mais qui y trouvent une satisfaction sensuelle égale, sinon supérieure à toutes les autres; nous avons déjà effleuré ce sujet, il nous semble donc inutile d'y revenir.

CHAPITRE XII

Un peu de physiologie. — Différents types d'aberrations. — Aberration mentale. — La manie de l'humiliation. — Quelques rites et comédies de flagellation. — L'enfant, la bonne et la dame. — La maîtresse d'école. — Le jeune homme et la mère. — Travestissements féminins.

Nous allons essayer d'esquisser la physionomie et la physiologie des amateurs de la verge et des fouetteuses professionnelles.

Chez beaucoup de sujets, le goût du fouet est la résultante d'une impulsion purement cérébrale. Ceci a besoin d'être expliqué : il a paru, depuis un certain nombre d'années, nombre d'ouvrages obscènes sur la flagellation; les individus auxquels nous faisons allusion liront, par exemple, ces ouvrages avec passion, le côté stupide de ces productions, les invraisemblances dont elles fourmillent, rien de ce qui devrait les en détourner ne les en dégoûte; ces lectures les plongent dans une surexcitation incroyable, que ne pourrait produire aucun autre ouvrage érotique sur un sujet différent; il en est de même des dessins, gravures ou photographies représentant des scènes de flagellation. Or, assez souvent, ces individus dérivent de l'effervescence provoquée par leur imagination, un plaisir, une jouissance, disons le mot, beaucoup plus accentuée que la flagellation elle-même pourrait leur procurer. Le cas est très fréquent et la démonstration a été souvent faite. Tel individu lisant un des livres en question, surexcité au plus haut point par sa lecture, éprouvera le désir violent, irrésistible de se faire fouetter ; il va satisfaire sa fantaisie chez une complaisante hétaïre, et se trouve assez désappointé en constatant que l'opération ne procure aucune espèce de plaisir. A quoi cela tient-il ? Peut-être à la douleur physique qui annihile les autres sensations, peut-être à la conscience du ridicule dont il se couvre en se soumettant à cette puérile correction, surtout quand elle est accompagnée des mises en scène dont nous parlerons plus loin. Quoi qu'il en soit, le fait est là, et l'individu sortira de cette expérience assez désillusionné, et peu enclin à la renouveler, ce qui ne l'empêchera pas quelques jours après, sous l'influence d'une lecture similaire, d'une image du même genre ou même par une véritable auto-suggestion, d'éprouver le même violent désir et, chaque fois qu'il se laissera aller à tenter une nouvelle expérience, elle se terminera pour lui par la même désillusion.

Ces individus éprouvent en imagination plus de plaisir à recevoir le fouet qu'à le donner ; en pratique, c'est l'inverse qui se produit, et le fait est assez compréhensible, lorsqu'ils ont pour partenaire une dame de plastique avantageux, à la croupe rebondie et bien dessinée, nous comprenons sans peine que le régal des yeux vienne aider puissamment à la satisfaction sensuelle qui découle de la correction appliquée. Le fait étant assez scabreux à commenter, on nous permettra, pour nous tirer d'embarras, d'intercaler ici une dernière citation de Brantôme.

« J'ay ouy parler d'une grande dame de par le monde, mais grandissime, qui, ne se contentant pas de la lascivité naturelle car elle estoit grande p..... et mariée et veuve, aussi estoit elle fort belle; pour se provoquer davantage, elle faisoit despouiller ses dames et filles, je dis les plus belles, et se délicatoit fort à les voir, et puis elle les battoit du plat de la main sur les fesses avec de grandes claquades et plamussades assez rudes, et les filles qui avaient délinqué quelque chose, avec de bonnes verges; et alors, son contentement étoit de les voir remuer et faire les mouvements et tordions de leurs corps et fesses, lesquelles selon les coups qu'elles recevoient en monstroient de bien estranges et plaisantes.

Aucunes fois, sans les dépouiller, les faisoit trousser en robbe (car pour lors elles ne portoient pas de calsons) et les claquetoit et les fouettoit sur les fesses, selon le sujet qu'elles luy donnoient ou pour les faire rire ou pour plorer; et, sur ces visions et contemplations, y aiguisoit si bien ses appetis, qu'après elle les alloit passer bien souvent à bon escient, avec quelque gallant homme.

Quelle humeur de femme! Si bien qu'on dit qu'ayant une fois veu par la fenestre de son château, qui visoit sur la rue, un grand cordonnier, estrangement proportionné pisser contre la muraille dudit chasteau, elle eut envie d'une si belle et grande proportion, et de peur de gaster son fruit pour son envie, elle luy manda par un page de la venir trouver en une allée secrète dans son parc où elle s'estoit retirée, et là elle se prostitua à luy en telle façon qu'elle en engrossa.

Et de plus, j'ai ouy dire qu'outre ses femmes et ses filles ordinaires qui estoient à sa suite, les estrangères qui la venoient voir, dans les deux ou trois jours, où toutes les fois qu'elles y venoient, elle les apprivoisoit aussitost à ce jeu, faisant montrer aux siennes premièrement le chemin, et aller devant elles et les autres après, si bien qu'elles estoient estonnées de ce jeu, les unes et les autres non. Vrayment, voilà un plaisant exercice. »

Revenons à notre sujet. A côté du type que nous avons décrit, il est un autre genre de passionnés : ce sont ceux qui éprouvent dans la mise en scène accompagnant la correction plus de satisfaction que dans la correction elle-même. Ceux-là trouvent leur bonheur à être traités littéralement en enfants ; ce qu'il leur faut, c'est la cérémonie humiliante, ce sont les préliminaires grotesques.

Parmi les innombrables observations que l'on a pu recueillir, grâce surtout au manque de discrétion professionnelle, nous pourrions dire à certaines indiscrétions de professionnelles, nous en résumerons quelques-unes, tant pour le type dont nous venons de parler, que pour ceux dont nous allons parler.

Un monsieur va chez une « maîtresse d'anglais très sévère ». Il est mis en présence d'une femme habillée en bonne d'enfant en compagnie d'une autre dame en chapeau. Sans aucun préambule, le visiteur joue à un jeu quelconque, ballon ou quilles, et en jouant, il a soin d'envoyer son jouet sur la figure de la dame qui lit un livre ; protestations de celle-ci qui porte plainte à la bonne ; cette dernière ordonne au pseudo-enfant de demander pardon, il refuse : nouvelle invitation, nouveau refus.

Et alors s'engage un dialogue dans le genre de celui-ci :

« Si vous vous entêtez à ne pas demander pardon, vous allez être fouetté.

— Non, je ne demanderai pas pardon.

— Et devant la dame...

— Ça m'est bien égal; je m'en moque pas mal de la dame.

— Effronté, malhonnête, défaites votre culotte tout de suite.

— Il n'y a pas de danger, vous pouvez bien la défaire vous même.

— Ah ! c'est comme ça? Eh bien, vous allez voir. »

La bonne s'empare du monsieur et, en un tour de main, l'a mis dans la tenue requise et le fait agenouiller sur un fauteuil, la partie à châtier bien étalée.

« Là, vous allez rester cinq minutes comme ça, et, si vous ne demandez pas pardon, vous serez fouetté jusqu'à ce que vous cédiez, et la dame vous donnera aussi le fouet ; n'est-ce pas, Madame? »

La « dame » prend part à la conversation et menace « l'enfant » de toute sa sévérité.

Les cinq minutes passées, pendant lesquelles ce dernier n'a cessé de faire des grimaces aux deux femmes comme pour mieux les défier, la bonne reprend la parole.

« Une fois, deux fois, trois fois, vous ne voulez pas demander pardon, alors, tant pis pour vous. »

Et sur le postérieur nu s'abat une grêle de claques sonores; les deux femmes se relayent, mêlant les menaces et les injures à la correction. Puis on va chercher la verge, et le maniaque est fouetté de la sorte jusqu'à ce qu'il demande enfin pardon. Quelquefois, la scène recommence deux ou trois fois dans la même séance.

Voici un autre scenario qui, paraît-il, est d'un emploi très fréquent :

La dame du logis joue le rôle de maîtresse d'école, et l'ameublement de la pièce où elle se tient est arrangé autant que possible pour ajouter à l'illusion. Dans certaines maisons bien montées, il y a même un mobilier spécial : table scolaire, tableau noir, carte murale, tableaux scolaires et autres accessoires, un martinet accroché au mur, etc., etc. Le visiteur joue du mieux qu'il peut son rôle d'écolier paresseux; il arrive de chez lui sans avoir étudié ses leçons et sans avoir fait ses devoirs; il est interrogé et ne répond rien, ou répond tout de travers, il est mis à genoux pour commencer; puis on lui fait faire une dictée qu'il crible de fautes. C'est alors le fouet qu'il reçoit, culotte rabattue, mais, comme nous sommes dans une école, c'est la verge et le martinet qui marchent. Et il ne faut pas croire que l'on s'en tienne à une seule correction, il est des maniaques qui se font ainsi fouetter jusqu'à cinq et six fois dans la même heure.

Assez souvent, on corse un peu la scène de l'école en adjoignant à l'écolier une écolière de bonne volonté qui, moyennant finances, consent à servir de condisciple au monsieur ; ce dernier déguste l'humiliation d'être fouetté devant une fille ; il est vrai qu'il goûte, d'un autre côté, le plaisir de voir celle-ci fessée devant lui.

Ces niaiseries sont déjà assez caractéristisques, mais il y a mieux encore et chez certains individus cette manie est une véritable aberration. En voici un exemple :

Un jeune homme de vingt-cinq ans va régulièrement une fois par semaine chez une spécialiste. Il est introduit dans une chambre où il reste seul ; il se déshabille et se couche dans le lit. Une ou deux minutes après, la maîtresse du logis entre et va jouer dans cette comédie le rôle de la mère du jeune homme ; elle est en chemise, bras nus. Allant au lit, elle secoue le dormeur éveillé et lui dit qu'il est huit heures et qu'il faut se lever, puis elle s'assied dans un fauteuil face au lit, enfile ses bas, met ses jarretières, boutonne ses bottines, tandis que le jeune homme la regarde faire à travers ses paupières entr'ouvertes. La femme retourne alors au lit et recommence le manège en secouant plus rudement, cette fois, le dormeur : « Veux-tu bien vite te lever, tu vas être en retard, etc., etc. » Paroles inutiles ; l'autre feint toujours de dormir. « Si tu ne veux pas te lever, tu vas recevoir le fouet. Veux-tu?... » Pas de réponse. Alors la femme rejette les couvertures et se met en devoir d'appliquer au jeune homme la correction promise ; mais celui-ci se débat et lui échappe. Alors, la mère appelle la bonne qui arrive, et lui ordonne de venir l'aider à fouetter son paresseux de fils ; celle-ci, en tablier blanc et en bonnet, jette le récalcitrant en bas du lit, le maintient vigoureusement, tandis que l'autre femme le fesse avec une poignée de verges. Vient alors le simulacre de la toilette, il refuse de se laver à l'eau froide, ce qui lui vaut de nouveaux coups de verges sur le derrière; puis il ne se lave pas les oreilles ou les mains, nouvelle correction... Bref, avant qu'il ne soit complètement habillé, les deux femmes lui ont administré cinq ou six fessées.

D'autres fois, lorsqu'il entre, la bonne de la maison s'écrie : « Ah! vous voilà tout de même, c'est pas trop tôt, votre mère va joliment vous arranger; et le jeune homme entre tout tremblant dans la chambre de sa « mère ». Celle-ci se lève à son arrivée et commence par le souffleter, en disant : « C'est une heure pour arriver? A quoi t'es-tu amusé, etc., etc. » Le jeune homme balbutie quelques explications interrompues par de vigoureuses gifles. « Tant pis pour toi, je t'avais promis une fessée si tu rentrais en retard, tu l'auras », continue la mère, qui n'a pour seuls vêtements qu'un peignoir entièrement déboutonné par devant, ses bas et ses chaussures. La bonne, qui assiste à l'entretien, va chercher des verges et les deux femmes, rabattant le pantalon du jeune homme, le fouettent en lui faisant prendre les positions les plus humiliantes ou plutôt les plus grotesques. Quelquefois la scène change, mais la correction est toujours au bout, et les femmes doivent invariablement jouer, l'une le rôle de la mère, l'autre celui de la bonne.

Voici une manie d'un genre différent, mais excessivement fréquente, paraît-il. Un individu est le client fidèle d'une dame qui pratique les « frictions contre douleurs ». Aussitôt entré dans la chambre de la maîtresse du logis, il quitte ses habits masculins, c'est-à-dire son veston, son gilet et son pantalon; par dessous, il est entièrement équipé en femme, c'est-à-dire qu'il porte des bas avec des jarretières, un pantalon à festons, ouvert, bien entendu, un corset, une chemise de femme; ses bottines à boutons montent très haut; il complète alors sa toilette de femme par un jupon, une robe, un corsage fait spécialemement pour sa carrure, et c'est lorsqu'il est complètement équipé que la scène commence.

Tantôt, il joue le rôle d'une dame attirée dans un guet-apens par une rivale qui se venge en la fouettant dans toutes les postures, en lui faisant tenir ses jupes en l'air et écarter la fente de son pantalon; tantôt, il joue le rôle de femme de chambre qui s'attire par sa négligence de sévères fessées; tantôt, c'est une dame en visite qui dérobe un bibelot quelconque et qui, pour ce larcin, immédiatement découvert, doit recevoir le fouet de dix façons différentes. Ces ridicules comédies se jouent avec la plus parfaite gravité, et l'individu exige d'être fouetté pendant près d'une heure, avec à peine quelques interruptions; à la fin de cet exercice, il est rare que le sang ne coule pas. Celui-là n'exige d'ailleurs rien autre chose de la femme et la quitte sans l'avoir touchée. C'est une remarque, assez courante d'ailleurs, que beaucoup de passionnés du fouet dédaignent l'acte vénérien et trouvent dans les corrections qu'ils reçoivent une jouissance suffisante.

CHAPITRE XIII

L'aberration de la souffrance physique. — Les amateurs de flagellation active. — Des partenaires récalcitrantes. — Ingéniosité d'un sadique.

A côté de ces types dont nous venons de parler et qui cherchent leur satisfaction, autant, sinon plus, dans la comédie jouée que dans la correction elle-même, il est une autre catégorie, beaucoup moins nombreuse d'ailleurs : ceux qui cherchent réellement la souffrance physique et qui n'apprécient une correction que si elle leur a arraché des cris de douleur. Il ne s'agit plus là d'un vice ou même d'une passion, c'est de la folie pure et simple. Tels de ces individus se font fouetter avec des lanières de cuir, des martinets, des cravaches, se font attacher pour être sûrs de ne pas pouvoir échapper d'eux-mêmes à la correction, que la souffrance ne sera pas plus forte que leur volonté, et ils ne sont satisfaits que si leur sang coule.

De tels faits paraissent à peine croyables et pourtant rien n'est plus réel. Certains de ces érotomanes se font attacher au cou un collier de chien en signe de servitude, rampent à terre comme un animal sous le fouet de leur bourreau femelle, s'astreignent parfois aux besognes les plus répugnantes, en un mot savourent à longs traits les phases les plus variées de l'avilissement. Mais nous en avons assez dit sur ce sujet spécial et nous nous abstiendrons de citer des exemples en raison de leur caractère, en général, quelque peu répugnant.

Nous venons de passer en revue les différents types d'individus aimant à être fouettés; il en est d'autres qui aiment à fouetter et, d'ailleurs, ces deux goûts sont assez souvent — mais pas toujours — connexes.

Ceux-ci éprouvent, en général, plus de difficultés à satisfaire leur petite passion, et le motif en est fort simple. Depuis l'humble pierreuse des boulevards extérieurs jusqu'à la courtisane la plus opulente, on trouve toujours de complaisantes dames qui consentent, moyennant finances, à corriger, comme un enfant, leur « client » habituel ou de passage; c'est, sans nul doute, dans la plupart des cas, une corvée pour elle, mais pas plus ennuyeuse et moins répugnante peut-être que certaines complaisances exigées d'elles. Mais, lorsqu'il s'agit de se laisser fouetter elles-mêmes, la question change : donner une fessée peut être fatigant, mais ce n'est pas douloureux, la recevoir peut l'être beaucoup et ces dames, qui connaissent parfaitement quelle violence inouïe couve souvent sous cette passion, se méfient à juste titre et refusent souvent de se prêter à cette fantaisie.

Nous entendons bien que, comme parmi les flagellants passifs, il est parmi les flagellants actifs des catégories : les uns cherchent surtout un spectacle libidineux un peu corsé, et celui d'une femme fouettée chatouille agréablement leur dépravation; les autres, en plus grand nombre, cherchent le même spectacle, mais veulent en plus avoir sous les yeux toutes les manifestations d'une souffrance réelle et non simulée. Les premiers trouvent encore à satisfaire leur fantaisie avec une facilité relative, cela leur coûte un peu plus cher et la promesse d'agir sans brutalité; quant aux autres, c'est une autre affaire. Ce n'est pas de gaîté de cœur, on le comprendra, qu'une prostituée se laisse infliger une correction violente; toutes les petites comédies, les simagrées que l'on peut exiger d'elle, elle s'y prête sans conviction, mais sans répugnance; peu lui importe de jouer la petite fille, d'avoir une jupe courte et un sarrau, d'avoir un petit panier à son bras; ce qu'elle ne veut pas, c'est que, si on la fustige, on lui fasse mal. Néanmoins, l'appât du gain est tel qu'il se trouve toujours des femmes acceptant de s'abandonner aux pires violences d'un érotomane pourvu que celui-ci y mette le prix, et il y en a qui ne sont satisfaits que lorsque la souffrance arrache à leur victime de véritables sanglots et que le sang s'échappe des chairs meurtries.

Un procès célèbre a appris, il y a quelques années, qu'il se trouvait des malheureuses consentant à se laisser enfoncer des épingles dans le sein par un riche débauché; rien d'étonnant qu'il s'en trouve pour endurer une flagellation, même violente si elle est très lucrative; mais, comme les messieurs riches sont le petit nombre, restreint aussi est le nombre de ceux qui peuvent donner libre cours à leur barbare fantaisie.

L'idéal, pour beaucoup de flagellants de cette espèce, serait de pouvoir fouetter des femmes par surprise et de force, absolument comme d'autres trouvent dans le viol une sensation que ne leur procurerait pas un accouplement consenti. C'est le rut des sauvages, c'est la bestialité des foules, c'est cet abominable instinct qui fait que, de nos jours encore, les soldats turcs, par exemple, violent publiquement les femmes des villages dont ils s'emparent, outrageant les filles devant les mères, et trouvent surtout leur satisfaction dans la violence de l'attentat. Mais le flagellant éprouve quelques petites difficultés pour satisfaire sa passion par la violence, difficultés dont la moindre serait la cour d'assises ; beaucoup cherchent donc l'illusion à défaut de la réalité, et pour cela, un terrible maniaque avait trouvé le moyen suivant, véritablement original. A la femme avec laquelle il s'entendait, il promettait une somme déterminée s'il parvenait à la fouetter malgré sa résistance, somme peu importante d'ailleurs, mais il lui proposait une somme cinq fois plus considérable si elle réussissait à éviter la correction ; le marché accepté, la lutte s'engageait, et l'homme se ruait sur sa partenaire qui, soutenue par l'appât du gain, plus encore que par le désir d'esquiver un barbare traitement, lui opposait une résistance désespérée et c'étaient des étreintes, des envolées de jupons aussitôt rabattus ; l'homme, obligé de maintenir les deux mains de la femme, ne peut la mettre en posture favorable à ses desseins ; relâche-t-il son étreinte, les mains de la femme redevenant libres lui permettent de regagner le terrain perdu, mais la malheureuse, quelle que soit sa vigueur, finit par se fatiguer, sa résistance faiblit, sa figure est empourprée par la lutte ; l'homme l'étreint dans un corps à corps violent et tous deux roulent à terre ; les mains du satyre se glissent sous les vêtements et s'efforcent de les relever pour mieux voir ; la victime se débat encore et rue éperdûment : si elle pouvait attendre ainsi l'heure fixée pour la fin de la lutte ! Mais l'homme a réussi à l'allonger à terre, la poitrine et la figure contre le sol, la position lui est propice, il pose un genou sur la taille de la femme qu'il étouffe presque de sa pression ; celle-ci, suffoquée, ne peut que crier grâce et le supplier de ne pas être brutal. Les derniers vêtements sont enlevés ou plutôt arrachés et les tentatrices rotondités sont mises à nu ; l'homme exulte et sa main s'abat en claques retentissantes sur toute cette chair étalée à ses yeux, et qu'il marbre de ses cinq doigts ; la lutte l'a enfiévré, il frappe aveuglément pendant que sa victime crie de douleur...

Quelquefois, une seule femme ne suffisait pas à l'érotomane, et c'est avec deux à la fois qu'il engageait la lutte, trouvant dans les lubriques péripéties de cet étrange combat un excitant tel qu'il arrivait, malgré leur résistance nullement simulée, à terrasser les deux femmes, à découvrir leur nudité et à appliquer sur les chairs offertes à sa concupiscence des corrections qui arrachaient des cris de douleur aux deux infortunées lutteuses.

CHAPITRE XIV

La flagellation entre hommes. — Une petite annonce qui a du succès.— Correspondance édifiante.

Dans tout ce qui précède, nous avons passé en revue les flagellés volontaires, ayant recours aux bons offices rétribués d'hétaïres d'un rang quelconque pour satisfaire leur passion; mais nous n'avons pas examiné le cas où un homme se laisse, ou plutôt se fait fouetter par un autre homme; ce cas existe et est assez fréquent. Nous disions plus haut que s'il est des passionnés riches, il en est aussi, et en beaucoup plus grand nombre, qui ne le sont pas et qui cherchent à donner satisfaction sans bourse délier à leurs instincts libidineux; mais ceux-là ne trouvent guère ou ils ne trouvent pas de dames disposées à les corriger pour leurs beaux yeux : pas d'argent, pas de verges. Et alors, faute de femmes, ils s'adressent à des hommes. Ces rapports s'établissent, la plupart du temps, par la voie des « Petites annonces », et un monsieur qui offre ses services comme « précepteur sévère » ou « professeur d'anglais expérimenté », s'il trouve rarement ou, pour mieux dire, s'il ne trouve jamais de correspondantes *désintéressées*, trouve toujours des correspondants bénévoles, heureux de satisfaire leur passion pour rien et de se soumettre à la verge du précepteur en question.

Un monsieur qui, pour se documenter sur la question, avait fait une annonce rédigée dans l'ordre d'idées ci-dessus : « Précepteur sévère et désintéressé offre leçons à élèves arriérés », ne reçut pas moins de trente-trois lettres en réponse à son insertion. Quelques-unes émanaient de correspondants prudents, qui demandaient des explications précises, laissant entendre qu'ils supposaient bien de quoi il s'agissait, mais qu'ils demandaient pour répondre avec la plus entière franchise que leurs soupçons fussent confirmés.

D'autres se donnaient comme novices, n'ayant jamais reçu le fouet, mais désireux de savoir quelle sensation cela pouvait procurer.

D'autres encore répondaient timidement, affectant de n'avoir pas exactement compris, déclarant qu'ils seraient heureux d'avoir des leçons d'un précepteur expérimenté, aussi sévère qu'il pût être.

D'autres enfin, et c'était le plus grand nombre, entraient clairement dans le sujet, et quelquefois avec des détails d'une crudité révoltante, racontaient leurs aventures antérieures, heureux de s'étendre longuement sur un sujet qui les passionnait, et goûtant par anticipation la bizarre volupté qu'ils poursuivaient.

Quelques-unes de ces lettres étaient écrites dans un style gauche, et avec des fautes dénotant chez leurs auteurs une grande vulgarité d'éducation ; un certain nombre ne présentaient rien de remarquable, mais d'autres aussi étaient rédigées avec verve et ne manquaient ni d'idées, ni de style, ni d'orthographe.

Sur les trente-trois lettres, il n'y en avait que cinq de femmes, dont trois de professionnelles s'offrant à corriger le « précepteur » lui-même, et deux autres dont les signataires consentaient bien à être fouettées pourvu que la correction ne fût pas brutale et qu'une compensation pécuniaire leur fût allouée, compensation sur le montant de laquelle elles demandaient à être fixées d'avance.

Enfin une lettre émanait d'un couple de « jeunes mariés d'idées originales » qui se serait volontiers soumis moyennant finances aux fantaisies d'un monsieur partageant ses idées.

Nous donnons ci-après comme échantillons quelques lettres ou extraits, parmi celles susceptibles d'être insérées.

I

Monsieur,

Je viens de lire l'annonce par laquelle vous vous offrez comme précepteur sévère. Je crois savoir en quoi peut consister votre sévérité, néanmoins je voudrais avoir quelques détails précis; si vous croyez devoir répondre à ma lettre, ne craignez pas de me donner des renseignements aussi explicites que possible, quelle que soit la façon dont se manifeste votre sévérité, même par des corrections et quel que soit le genre de ces corrections. Je pense que vous ne cherchez pas que des enfants comme élèves arriérés, mais que vous vous adressez aussi aux adultes. Voici quelques détails sur ma personne.....

(Ici suivent des renseignements sans intérêt que nous supprimons.)

Soyez assuré, Monsieur, que vous ne regretterez pas de m'avoir écrit en toute franchise, car vous n'aurez guère de disciple plus docile et plus soumis à vos leçons et à vos châtiments même les plus humiliants.

Agréez, etc.

II

Monsieur,

L'annonce que vous avez mise dans le *Journal* a vivement piqué mon attention ; si je la comprends bien, vous cherchez un élève docile que vous puissiez corriger quand il le méritera et comme vous l'entendrez. Je crois deviner quel genre de correction vous entendez infliger, et j'avoue que je serais curieux d'être corrigé de cette façon pour juger si la chose est aussi humiliante et aussi terrible qu'on veut bien le dire.

Si nous nous comprenons bien, ce que je suppose, veuillez me répondre à l'adresse ci-après. J'attends votre lettre avec impatience et serai à votre disposition quand il vous conviendra.

Recevez, etc.

III

Monsieur,

L'annonce que vous venez de faire paraître est trop intéressante pour que je néglige de vous écrire ; je suis pourtant intrigué par un point que je voudrais éclaircir. Vous vous annoncez comme précepteur sévère, qu'entendez-vous exactement par là ? J'insiste sur le terme exactement ; ne craignez pas d'être trop explicite : plus vous me donnerez de détails, plus je serai content. Dites-moi notamment si vous désirez des élèves masculins ou féminins, et, dans le premier cas, jusqu'à quel âge vous les acceptez.

Salutations empressées.

IV

Monsieur,

Je m'empresse de répondre à l'insertion que vous venez de faire. Je suis précisément à la recherche d'un professeur désintéressé qui agisse avec moi de la façon la plus sévère, qui me punisse, qui me fouette même, quand je le mérite, comme un enfant, après m'avoir déshabillé. Les fessées les plus rudes ne m'effraient point, car j'en ai reçu plus souvent qu'à mon tour, et j'en ai eu plus d'une fois le derrière à vif; je vous raconterai dans quelles circonstances si cela peut vous intéresser.

Répondez-moi de suite, s'il vous plaît, en me fixant un rendez-vous de façon que vous puissiez vous rendre compte immédiatement de ma docilité et de mon entière soumission à vos caprices.

V

Monsieur,

Je ne sais si l'annonce que vous avez faite s'adresse aux dames ou aux messieurs. Dans le premier cas, vous plairait-il de m'agréer comme élève. J'ai vingt-deux ans, je suis blonde, rose, très potelée; j'ai les hanches et ce qui s'ensuit très développées, ce qui ne doit pas être sans intérêt pour vous. Je suis d'ailleurs assez indocile et vous aurez sûrement l'occasion de me corriger. J'espère néanmoins que vous m'épargnerez l'humiliation de recevoir le fouet; si pourtant il fallait me résigner à subir ce châtiment, qui d'avance me fait monter le rouge à la figure, j'aime à croire que vous ne serez pas trop sévère et que vous ne frapperez pas trop fort. Je ne puis vous donner rendez-vous chez moi, tenant beaucoup à ma considération; pour le même motif, je ne puis être libre que dans la journée et jamais le soir. Je ne cherche pas, loin de là, à gagner de l'argent de cette manière, mais je désirerais néanmoins être indemnisée du temps que je perdrai et je vous serais obligée de me faire savoir dans quelle mesure vous comptez le faire; je ne suis nullement exigeante, ne faisant pas cela, je vous le répète, par intérêt.

Donnez-moi rendez-vous au bureau d'omnibus, etc., etc.

VI

Monsieur,

J'ai une grande fille de quatorze ans dont je ne peux pas venir à bout, et que je voudrais faire corriger sévèrement de temps à autre et par un monsieur pour que cela lui fasse plus honte. Voyant l'annonce que vous venez de faire, j'ai pensé à vous écrire à ce sujet, et je suppose que vous pourrez vous occuper de ma fille; je dois vous dire que je désire quelqu'un pouvant s'intéresser un peu à elle et qui lui ferait de temps en temps un petit cadeau pour lequel je ne serai pas exigeante. L'enfant est très développée pour son âge, je vous enverrai sa photographie si vous le voulez et si vous me promettez la plus grande discrétion.

Dans l'attente d'une très prompte réponse, etc., etc.

Vve X...

Poste restante, etc.

P.-S. — Je vous donnerai mon adresse à ma prochaine lettre si, comme je l'espère, vous acceptez ma proposition.

Nous arrêterons là les extraits de cette correspondance. Les autres lettres que nous pourrions reproduire différant assez peu quant au fond des quelques échantillons que nous avons donnés.

CHAPITRE XV

La passion du fouet est-elle une passion féminine? — Arguments peu concluants. — Souteneurs et pierreuses. — Le fouet chez les lesbiennes. — Propension de certaines institutrices pour l'emploi du fouet. — La flagellation est plutôt une passion masculine. — Argument anatomique et plastique.

La passion du fouet existe-t-elle chez les femmes comme chez les hommes?

A cette question qui se pose tout naturellement, nous répondrons de suite et sans hésiter : Non.

Et pourtant nous avons vu, et nous avons cité plusieurs exemples à l'appui, que des petites filles, des jeunes filles même, éprouvent pour la flagellation, soit active, soit passive, une propension marquée. Nous concluerons volontiers que chez les filles cette propension disparaît avec l'âge, tandis que chez les garçons elle se développe en général.

Le fait que l'on trouve parmi les prostituées un très grand nombre de fouetteuses professionnelles, n'est nullement un argument contre notre thèse. Celles-ci sont expertes à flatter les passions masculines pour en tirer profit et elles flattent celle-là comme d'autres; dans le fond, c'est une corvée et non un plaisir pour elles.

On a affirmé que certaines femmes mariées en nombre assez sérieux et fort honnêtes par ailleurs, ne soulèvent aucune objection quand leur seigneur et maître exerce sur elles cette cinglante prérogative; le fait est fort possible, il est même certain, bien que, en raison de l'intimité de l'opération, les exemples soient difficiles à citer, si ce n'est par suite de confidences féminines ou quelquefois d'indiscrétions de domestiques toujours sujettes à caution. Mais nous répèterons ici ce que nous avons déjà dit : la flagellation conjugale est une caresse comme une autre et ne peut être considérée comme la manifestation d'une passion spéciale. Pour conclure à l'existence de cette passion chez la femme, on a cité encore d'autres arguments, tels que l'amour et l'admiration de nombre de prostituées de bas étage pour le souteneur qui les bat, l'état d'exaltation sensuelle où se trouvent beaucoup de femmes après avoir été fouettées par leur mari ou par leur amant, la fréquence avérée de l'usage de la fessée entre lesbiennes, la tendance qu'avaient autrefois certaines institutrices à abuser un peu de l'application du fouet sur les postérieurs des filles, petites et grandes, confiées à leurs soins, etc., etc.

Nous allons examiner un par un ces divers arguments et essayer d'en déduire une conclusion logique et impartiale.

Pour le premier argument, outre que l'état d'âme d'une pierreuse ne peut pas servir à conclure du particulier au général, nous dirons simplement ceci : dans ce triste monde, les coups sont parfaitement admis, comme les coups de couteau; une prostituée qui se place sous la protection d'un souteneur sait qu'elle sera battue; ce qu'elle admire chez lui, quand admiration il y a, c'est précisément la force physique et quelquefois certaines aptitudes aux jeux d'amour; elle fait avec lui, par plaisir, ce qu'elle fait avec satiété et dégoût avec un passant, mais elle considère que l'homme a le droit de la battre, comme de boire, comme de lui prendre son argent; elle ne l'aime pas parce qu'il boit et lui prend son argent, mais quoique cela.

Si nous venions de dire : il est avéré que tous les souteneurs frappent leurs compagnes, donc ces dernières aiment à être battues, on trouverait non sans raison la conclusion un peu précipitée et téméraire. Il en sera de même, nous semble-t-il, si, au lieu de coups de poing dans la figure, il s'agit de claques violemment appliquées sur la partie que l'on sait.

Au reste, la fessée est, paraît-il, un mode de correction assez souvent employé par messieurs les Alphonses sur leurs compagnes, non seulement dans l'intimité, mais quelquefois même *coram populo*.

Il est donc possible que, correction pour correction, la pierreuse aime mieux recevoir de son seigneur et maître une fessée qui ne laisse, somme toute, pas de traces et n'est jamais dangereuse, que des coups de poing ou des coups de pied qui peuvent être dangereux. En outre, l'intéressante corporation des souteneurs ne renferme pas que des citoyens aux mœurs pures et patriarcales; il est, parmi eux, des sadiques comme dans les autres classes de la société; rien d'étonnant dès lors que ceux-là satisfassent leur passion au moyen de cette correction égrillarde sur les malheureuses placées sous leur coupe. Ils trouvent sans nul doute la chose très plaisante, mais il est douteux que leurs gracieuses compagnes soient du même avis. Il est possible même qu'une tendre réconciliation suive parfois cette exécution, mais on est bien forcé de convenir que le goût attribué aux prostituées de bas étage pour ce genre de correction est essentiellement relatif.

Nous arrivons au second point invoqué : après avoir reçu le fouet de leur mari ou de leur amant, certaines femmes sont étrangement excitées et saisies d'une ardeur génésique qui demande à être calmée sur le champ. C'est ici surtout qu'il importe de remettre les choses au point et de rectifier une appréciation très erronée.

D'abord, et avant tout, nous mettons en fait que, sur cent femmes qui seraient fouettées — en manière de correction sérieuse s'entend, et non en manière de caresse — par leur mari ou par leur amant, il s'en trouvera quatre-vingt-quinze qui seront simplement furieuses de la correction reçue comme elles l'eussent été d'un soufflet et qui ne s'en trouveront nullement excitées si ce n'est contre le brutal qui les a battues; admettons que pour les cinq autres l'effet signalé se produise réellement, nous n'en disconvenons pas, mais nous ferons remarquer que les rôles sont peut-être intervertis. En effet, qui est surtout excité par la correction? Celui qui la donne, d'autant plus, nous ne saurions trop le répéter, que, pour y avoir recours, il faut être mû par un sentiment d'érotisme incontestable et non par le simple désir d'infliger une correction; si donc, la correction achevée, le bourreau passant du grave au doux, et profitant du désordre de la toilette de sa victime, porte celle-ci sur le lit et... scelle sur le champ la réconciliation, il est possible que, dans une surprise des sens, la femme oublie son ressentiment et n'éprouve plus sous la caresse spontanée qu'une sensation très douce aiguisée encore par la chaleur que le châtiment a communiqué à la surface endommagée. Mais là c'est le cas exceptionnel sur lequel on ne peut logiquement tabler.

Le troisième argument est plus concluant. Il est absolument avéré que, parmi les lesbiennes, les petits ménages comme on les désigne à Montmartre et ailleurs, les scènes de jalousie sont fréquentes, que les batailles s'ensuivent souvent, et que, dans beaucoup de cas, la plus faible reçoit de sa bonne amie une vigoureuse fessée; ce sont des anecdotes que l'on se raconte couramment dans les brasseries ou crèmeries spécialement fréquentées par les petits ménages, car, dans ce milieu, l'on ne fait pas un mystère de ces sortes de choses; une abandonnée épanche ses chagrins devant la galerie, exhale ses griefs à haute voix, et, s'il y a lieu, ne se fait pas scrupule de raconter comment elle a corrigé l'infidèle. C'est surtout dans ce cas tout spécial qu'une fessée remet les choses dans le droit chemin, et il n'est pas rare de voir une lesbienne, corrigée de la sorte par son amie du moment, éprouver sous les cinglades de celle-ci une voluptueuse sensation et lui en témoigner de suite sa reconnaissance par un regain d'amour.

Cet argument concluerait donc à l'affirmative, mais nous devons faire remarquer qu'il s'agit ici d'un milieu et de mœurs d'exception, et que des sentiments de lesbiennes ne correspondent pas à ceux de la majorité des femmes.

Des divers arguments énumérés, le dernier nous paraîtrait le plus concluant. Il est très certain, en effet, que le goût du fouet a été naguère souvent constaté chez un grand nombre d'institutrices, alors que les châtiments corporels n'étaient pas interdits dans nos écoles, et que beaucoup usaient de ce mode de punition plus souvent qu'il n'eût été nécessaire. Il n'y a guère plus de vingt ans que certains journaux anticléricaux signalaient fréquemment dans leurs colonnes des méfaits de ce genre à l'actif des institutrices congréganistes. Un journal notamment, la *Police illustrée*, publia en 1883 en première page, une gravure représentant une fillette de treize ans fouettée devant ses compagnes, sur le derrière nu, par une religieuse ; d'après l'article qui accompagnait la gravure, le fait se serait passé dans une école tenue par les religieuses trinitaires à Sidi-bel-Abbès, en Algérie. Il faut évidemment conclure de là que le goût de la flagellation a pu naître chez beaucoup de maîtresses d'école, notamment chez les demoiselles, jeunes ou vieilles, des occasions qu'elles avaient de la pratiquer, et que ce qui n'était d'abord pour elles qu'une mesure de discipline a pu devenir un véritable penchant; ce serait le cas de dire que l'occasion fait le larron.

De tout ceci nous ne pouvons guère conclure que la flagellation soit une passion féminine, mais plutôt qu'elle n'existe que rarement parmi les femmes, et un raisonnement assez simple nous amènera à la même déduction. Nous ne donnons bien entendu ce raisonnement que pour ce qu'il vaut et nous ne prétendons pas qu'il soit irréfutable.

Que, par un temps de pluie, une femme se retrousse un peu haut et découvre son mollet, neuf sur dix des hommes qui la croisent se retournent pour mieux regarder; si elle se retrousse plus haut il en est qui la suivront pour jouir plus longtemps du spectacle; qu'une femme descende de l'impériale d'un tramway ou d'un omnibus, les hommes qui passent relèveront instinctivement la tête, surtout si elle retrousse maladroitement sa jupe, dans l'espoir de découvrir un bout de jambe; une femme décolletée, au théâtre ou en soirée, fut-elle vieille, a du succès si elle est bien en chair et il n'est pas rare de voir des femmes de plus de cinquante ans, ayant ce qu'on appelle de beaux restes, faire de nombreuses conquêtes. La raison est toute simple et nous l'exprimerons brutalement en disant que l'homme a, en général, la passion de la chair, et que chez la femme il apprécie surtout la rotondité des formes. Feu Armand Silvestre, qui dans des proses dithyrambiques célébra les formes exubérantes, les postérieurs plantureux, flattait évidemment le goût des masses et leurs préférences plastiques.

Le même sentiment existe-t-il chez la femme? Pas du tout; la vue d'un homme nu ne lui inspirera, en général, aucune idée égrillarde. Pour être plus précis encore, supposons un homme chez qui la virilité n'est pas tout à fait éteinte, et mettons-le en présence d'une femme nue ou dont la partie inférieure du corps serait à découvert: le désir sexuel s'emparera immédiatement de lui, pourvu que cette femme ne soit pas d'une plastique repoussante. Il y a là une manifestation presque involontaire et il n'est, croyons-nous, individu, aussi austère de mœurs soit-il, qui puisse s'y soustraire.

Supposons maintenant l'inverse et mettons une femme en présence d'un homme nu, même de plastique irréprochable, cette femme n'éprouvera la plupart du temps aucune espèce de sensation, sinon un sentiment de gêne qui la portera à se soustraire au tableau qu'elle a sous les yeux. Cela n'empêche nullement la femme d'être passionnée, de posséder un tempérament ardent, et d'apprécier comme il convient les plaisirs de l'amour, mais cela se manifeste autrement et ne naît pas de la même façon. Nous n'entendons pas dire qu'une femme qui aime ne prendra pas plaisir à contempler l'anatomie de l'individu aimé, mari ou amant, mais ce sera parce qu'il s'agit de cet individu-là, la vue d'un autre ne lui dira rien, si tant est qu'elle ne la froisse pas et ne lui soit pas désagréable.

Cette constatation nous était nécessaire; la plastique de la femme présente donc un attrait que n'offre pas celle de l'homme pour la femme, la chair nue de la femme exerce sur l'homme une attraction sensuelle toute naturelle et parfaitement légitime : s'en défendre serait bégueulerie et hypocrisie. Or, dans quel endroit du corps cette chair s'étale-t-elle dans une plus glorieuse expansion que dans ces rotondités charnues auxquelles nous avons dû faire de fréquentes allusions dans le cours de cet ouvrage? Si nous faisions de la littérature, quel joli chapitre ne pourrions-nous pas écrire sur ce sujet? Mais nous faisons de la physiologie et de la philosophie et nous glisserons sans appuyer. La vue de ces parages est donc pour les yeux de l'homme un véritable régal et, lorsque la vue est satisfaite elle soumet le toucher à une étrange et violente tentation. Peut-être le goût de la flagellation n'est-il, chez certains, qu'une manifestation irréfléchie et un peu brutale du sens du toucher? Quoi qu'il en soit, nous voyons là une explication, sinon absolue, du moins plausible de ce fait parfaitement certain que la flagellation est une passion plus masculine que féminine.

Le fait que des femmes se fouettent quelquefois entre elles dans un but de débauche est une conséquence de l'attrait plastique de la femme, même sur une autre femme, et vient plutôt corroborer notre opinion que l'ébranler. Quant au fait que certains hommes éprouvent de la satisfaction à en fouetter d'autres, il ne détruit nullement cette opinion : c'est un phénomène d'inversion, exceptionnel par conséquent, et qui, de même que la pédérastie, doit être considéré comme tout à fait négligeable, eu égard à l'ordre général des choses.

CHAPITRE XVI

Les fouetteuses professionnelles. — Les trous de voyeurs. — Différents modes de racolage. — Les soirées du Cours-la-Reine et des Champs-Elysées. — Les matinées des Tuileries. — Où le vrai peut paraître invraisemblable. — Une correction dans un jardin. — A quoi peuvent servir les massifs d'arbustes. — Une menace engageante. — Une invitation non déguisée.

Nous avons déjà parlé de la catégorie des professionnelles dans un de nos chapitres précédents, aussi nous contenterons-nous de compléter ici ce que nous avons dit.

Dans les maisons de tolérance ou de rendez-vous, la flagellation est une des branches du métier tout comme les tableaux vivants, les scènes saphiques, etc., que la fantaisie des clients peut exiger. Rien donc de très caractéristique.

Les véritables spécialistes opèrent en général seules ou à deux; assez souvent, la bonne de la maison, véritable bonne à tout faire, complète le trio si besoin est. La fouetteuse est, la plupart du temps, une vieille garde dont les charmes plus que surannés ne feraient plus recette par eux-mêmes; elle se transforme en « dame sévère » et consciencieusement fardée, solidement corsetée, vêtue d'une chemise de soie et d'un peignoir de couleur tendre, elle reçoit le client d'un air de dignité qui veut être imposante. Lorsque c'est un habitué, les choses se passent comme nous l'avons raconté dans quelques anecdotes. Si c'est un nouveau venu, un timide « qui voudrait et qui n'ose », rien de plus comique que les circonlocutions quelquefois employées pour s'expliquer et arriver au but. Ce pas franchi, la dame prend alors son air de circonstance, et jouant un des rôles de son répertoire habituel, elle fera, ou la maîtresse d'école ou la grande dame qui châtie son esclave, etc., etc. A la fin de l'opération, elle consent en général, si le client en manifeste le désir, à laisser soulever son peignoir et à mettre au jour des charmes plus opulents que bien conservés; c'est pourquoi il vaut mieux tirer un voile sur ces charmes, aussi bien que sur la petite cérémonie qui termine la séance.

C'est chez ces dames que se trouvent assez souvent des « trous de voyeurs », c'est-à-dire de petites ouvertures ménagées dans une porte, un mur ou une cloison, et par lesquelles des spectateurs placés dans une chambre ou un cabinet attenant peuvent observer ce qui se passe. Cette sorte de spectacle est, paraît-il, assez recherchée et constitue une source sérieuse de recettes. Aussi, pour donner satisfaction aux voyeurs, lorsque les fouetteuses n'ont pas un client qui se donne inconsciemment en spectacle, elles ont presque toujours un ami qui vient tenir le rôle moyennant une petite rétribution, ou simplement parce qu'il en éprouve lui-même de la satisfaction.

Les fouetteuses recrutent en général leur clientèle

au moyen des *Petites Annonces*, comme nous le verrons plus loin, mais il est une catégorie moins connue et qu'il nous a paru intéressant de signaler : ce sont celles qui recrutent leurs clients au moyen d'un racolage spécial sur la voie, publique mais surtout dans les jardins et promenades.

Voici une façon d'opérer dont nous avons été personnellement témoin. Et tout d'abord, qu'on ne crie pas à l'invraisemblance : il est de notoriété publique que certaines promenades ont été et sont encore le théâtre habituel de scènes à peine croyables. Le Cours-la-Reine à Paris, notamment, était, avant l'Exposition de 1900, envahi chaque soir, à la nuit tombée, par une légion de filles publiques qui, à la faveur de l'obscurité à peine trouée de loin en loin par un bec de gaz, racolaient des passants. Cette notoriété attirait d'ailleurs à cet endroit nombre d'individus au courant de l'état des choses, et désireux de se procurer quelques voluptés à prix réduit.

Lorsqu'une de ces peu appétissantes sirènes avait réussi à s'entendre avec un client, le couple s'asseyait sur un banc et là, dissimulées par un journal ou par un pan de jupe, les mains se livraient de part et d'autre à de très intimes caresses qu'interrompait à peine l'arrivée d'un promeneur. Pas mal de curieux fréquentaient d'ailleurs ces parages simplement pour voir et leur curiosité était souvent satisfaite par la vue d'un coin de chair apparaissant sous des jupes haut relevées et qui n'avaient pu être baissées à temps.

Suspendu pendant l'Exposition de 1900 qui engloba dans son enceinte la plus grande partie du Cours-la-Reine, cet état de choses a repris de plus belle, interrompu seulement de temps à autre par d'intermittentes mesures de police. Quiconque est incrédule n'a qu'à se promener entre neuf heures et minuit autour du Petit-Palais des Champs-Elysées, du côté de la Seine et même des Champs-Élysées, il sera convaincu.

De même, nous n'apprendrons rien à personne en disant que par les beaux soirs d'été, le bois de Boulogne et le bois de Vincennes reçoivent dans leurs massifs de nombreux couples énamourés qui, sous la voûte étoilée, parcourent toute la gamme des voluptés.

Mais ceci se passe avec la complicité de la nuit; or, il y a mieux : tout récemment encore aux Tuileries, sur la terrasse du bord de l'eau, on pouvait voir, à l'heure où les promeneurs sont encore rares, avant neuf heures du matin, quelques femmes, en cheveux, d'âge mûr, simplement vêtues, assises sur une chaise contre un arbre, un panier ou un petit sac sur leurs genoux, tricotant ou se livrant à un travail de couture, bref, figurant à s'y méprendre une pauvre mais honnête mère de famille. Lorsque le gardien est sur la terrasse, elles ne lèvent même pas les yeux de dessus leur travail. A-t-il disparu, le manège commence. Passe un flâneur, un initié, la plupart du temps la femme le regarde fixement et lui fait un clin d'œil significatif ou même entame la conversation. L'amorçage a-t-il réussi, tout de suite la femme formule sa proposition; les environs sont déserts, le moment est propice, le temps précieux. Le client accorde-t-il les vingt sous ou les cinquante centimes demandés? Aussitôt la femme relève ses jupes et étale pendant quelques instants aux yeux de l'amateur ses charmes antérieurs et postérieurs, puis les vêtements retombent sur ce tableau, en général peu séduisant. Nous le répétons, le fait pourra paraître invraisemblable et néanmoins il est de la plus rigoureuse exactitude. Les porteurs d'appareils photographiques sont même spécialement sollicités par les donzelles en question qui leur offrent de se laisser photographier dans la susdite position.

Ceci constaté, revenons au point qui nous intéresse. Nous sommes dans les jardins ouverts qui longent les Tuileries et en sont séparés par un petit fossé et une grille; il est environ neuf heures du matin; dans un coin isolé, près du dit fossé, contre un petit massif de fusains et autres arbustes assez épais, une femme est assise, de corpulence assez forte, toilette très modeste, une coiffe rouge sur la tête; à quelques pas d'elle une fillette d'environ quatorze ans, en jupe courte dévoilant des mollets très cambrés, joue à la terre, accroupie au milieu du chemin. Passe un promeneur qui jette un regard sur la fillette dont les jambes ont attiré son attention; la maman après avoir dévisagé le passant crie à haute voix à la fillette: « Ninette, si tu ne viens pas de suite t'asseoir à côté de moi, je vais te fouetter ». Le promeneur, un peu surpris, regarde la femme qui esquisse un sourire engageant et plein de sous-entendus, mais peut-être ne comprend-il pas ou ne veut-il pas comprendre, car il passe sans faire de réflexions, se contentant de se retourner deux ou trois fois. Quelques minutes après, passe un autre promeneur : la fillette joue toujours avec le sable et la femme lui lance la même interpellation et adresse au passant le même coup d'œil significatif. Cette fois l'amorçage a réussi : le monsieur s'arrête et la conversation s'engage : « Elle est désobéissante, cette petite demoiselle? — Oh! monsieur, il faut tout le temps crier après elle, il faut qu'elle joue comme un bébé, cette grande fille-là, elle n'écoute rien, il n'y a que le fouet qui lui fait peur. — Vraiment! mais elle me paraît bien grande pour être fouettée. — Cela lui arrive pourtant, allez, monsieur. — Allons donc! — Demandez-lui plutôt; viens ici, Ninette, dis un peu, le monsieur il ne veut pas croire que tu reçois la fessée quand tu es méchante ». Ninette s'est approchée, l'air timide, les yeux fixés à terre et, balançant les épaules, fait de la tête un signe affirmatif.

Le monsieur est alors allumé et la conversation continue sur un ton que l'on peut deviner. Bref, il tire une pièce de son porte-monnaie; on jette de tous côtés un rapide coup d'œil, aucun intrus n'est à proximité, aucun regard indiscret ne peut gêner le trio; la femme penche la fillette sur ses genoux, relève sa jupe, entr'ouvre son pantalon et, devant le spectateur qui a repris sa promenade et regarde de côté d'un œil indifférent, elle donne à l'enfant quelques claques sur le derrière. Celle-ci, bien entendu, s'est prêtée de bonne grâce à la chose.

Tout ceci s'est passé très rapidement, car l'on peut

être dérangé ; Ninette retourne jouer et la conversation reprend : « N'est-ce pas qu'elle est bien faite la mâtine ? » dit la femme au monsieur devenu très rouge. « Et encore vous n'avez pas bien pu vous rendre compte, mais elle est faite au moule, et formée, vous jureriez une petite femme ». De fait, ce que le spectateur a pu voir lui fait supposer que cette assertion est parfaitement fondée, et, comme il ne demande pas mieux que de se laisser convaincre jusqu'au bout, on avise immédiatement au moyen de le satisfaire et voici ce qui se passe : Après avoir glissé à la femme une nouvelle pièce de monnaie, il s'en va et, passant par la grille voisine, entre dans les Tuileries et va se poster contre le grillage qui borde le talus du fossé, juste devant un massif. Cependant, la jeune Ninette a pénétré dans le massif et, pendant que sa mère fait le guet, elle se place de telle sorte que, entre les arbustes, elle soit bien en vue du monsieur qui l'observe de l'autre côté et, lui tournant le dos, elle relève ses jupes, laisse tomber son pantalon et étale ainsi sa nudité à ses yeux avides jusqu'au moment où une toux significative vient d'un côté ou de l'autre l'avertir que quelqu'un s'approche.

Nous le répétons, ce manège qui peut paraître invraisemblable est de l'authenticité la plus absolue; il s'est fait, non pas une fois, mais des mois entiers, avec des intervalles pendant lesquels la mère et la fille jugeaient sans doute utile de varier le théâtre de leurs exploits. D'ailleurs le scandale dit des « jupes courtes » qui, tout récemment, défrayait les échos de la police correctionnelle, prouve que ce que nous venons de dire n'a rien d'impossible.

Voici un autre mode de procéder. Ici, la scène se passe aux Champs-Elysées; la femme et la jeune fille sont mises avec une certaine élégance; elles se promènent de préférence du côté de messieurs âgés et bien mis qu'elles supposent en quête d'aventures matinales. Lorsqu'elles croient avoir trouvé l'amateur cherché elles passent à côté de lui en marchant sensiblement du même pas et la mère feignant de continuer une discussion commencée dit à sa fille d'un ton menaçant et de façon à être distinctement entendue : « Tu vas voir quelle fessée tu recevras quand nous serons rentrées ». Si la phrase a eu l'air de produire son effet, on ralentit le pas et il arrive souvent que le monsieur se mêle à la conversation; il sollicite en général l'autorisation d'assister à la punition promise ou même de l'infliger lui-même, ce qui lui est invariablement accordé, pourvu qu'il ponctue son offre par l'octroi du petit cadeau de rigueur.

Quelquefois ces préambules ne sont même pas employés et c'est une invitation directe et brutale aux passants. Nous avons vu deux jeunes femmes « faire » ainsi pendant longtemps le Palais-Royal et les environs, se tenant de préférence aux sorties du Palais; l'une était douée d'une croupe très rebondie sur laquelle elle faisait plaquer sa jupe, et, quand l'attention d'un passant était attirée par leur allure tapageuse, la seconde se plaçait devant lui et lui disait cyniquement : « Monsieur, mon amie ne veut pas m'obéir, voulez-vous m'aider à lui donner le fouet? ». De temps à autre, un monsieur acceptait et le trio se dirigeait vers un des « meublés » des environs.

Comme on le voit, les trucs employés en pareil cas ne varient pas beaucoup, et les courts aperçus que nous en avons donnés nous semblent suffisamment concluants pour qu'il soit inutile d'en citer d'autres.

CHAPITRE XVII

La flagellation et les petites annonces. — Les leçons d'anglais. — Les annonces sérieuses et les autres. — Une subtilité de la police. — Les soins contre douleurs. — Les mariages. — Une correspondance et une entrevue. — Une demoiselle qui a plusieurs cordes à son arc. — Les fruits de l'expérience.

Comme nous l'avons déjà dit, les spécialistes de la flagellation trouvent dans les « Petites Annonces » un moyen simple et peu coûteux de recruter leur clientèle. Elles ont, pour cela, recours à des rubriques très variées, mais parfaitement transparentes, parmi lesquelles les « Leçons d'Anglais » sont tout particulièrement employées parce que, à tort ou à raison, la flagellation est supposée spécialement en faveur en Angleterre et cela, grâce à de nombreux ouvrages obscènes publiés sur la flagellation, soit en Angleterre, soit en France, et dont les héros sont principalement des Anglais. Nous allons d'ailleurs procéder avec méthode et donner comme échantillons quelques annonces de ce genre relevées parmi des milliers d'autres :

Dame, au courant de la discipline anglaise, demande élèves arriérés.

Dame, ayant dirigé pension en Angleterre, demande élèves.

Leçons d'anglais par dame sévère.

Dame expérimentée donne leçons d'anglais à élèves aisés, etc., etc. La plupart du temps, les annonces sont suivies de noms d'une signification transparente : Mme Martine, Mme Flagel, etc., ou de mots anglais ayant la même signification : Mme Birch, Mme Whip, Mme Flog, etc.

Il est juste de dire que la pudeur de l'Administration a dû s'alarmer et, depuis un certain temps, ces noms ont disparu des annonces, mais les annonces sont restées, plus nombreuses que jamais. Il arrive également que certaines dames, dédaignant toute explication superflue, bornent leur annonce à cette simple mention :

Leçons d'anglais par dame distinguée.

Leçons d'anglais par dame tous les jours de 2 à 7 heures, etc.

Comme à côté de ces annonces graveleuses, il en existe d'autres très sérieuses, insérées par de véritables professeurs d'anglais, on peut supposer que des confusions peuvent quelquefois se produire. Le fait est rare. Ces dernières annonces sont en effet conçues en termes précis : l'adresse est donnée, de même que le prix de la leçon ; enfin, rien ne permet de supposer qu'il s'agit d'autre chose que de vraies leçons d'anglais. Dans les autres annonces, au contraire, aucun prix n'est donné, l'adresse est indiquée par poste restante, ou est donnée avec une précision de détails qui évite au client éventuel de s'adresser au concierge.

Comme on peut bien le supposer, la majorité de

ces dames ne parlent pas anglais, et il est arrivé quelquefois que la police, effrayée du développement pris par cette industrie, a essayé de l'enrayer. Des inspecteurs furent envoyés à différentes adresses et les « maîtresses d'anglais » furent obligées de reconnaître qu'elles ignoraient les premiers mots de la langue qu'elles étaient censées enseigner ; plusieurs alléguèrent comme excuse qu'elles n'enseignaient pas elles-mêmes, mais employaient une véritable maîtresse d'anglais, absente pour le moment, explication qui ne fut naturellement pas admise, et c'est ici que se place un adorable trait de mœurs administratives. On jugea qu'une vraie maîtresse d'anglais n'avait pas besoin d'auxiliaire pour enseigner, et l'on interdit aux tenancières de maisons de rendez-vous qui avaient avec elles, de façon permanente ou intermittente, d'autres dames pour satisfaire les clients, de prendre le titre de « professeurs d'anglais ». Au contraire, celles qui demeurent seules furent autorisées à conserver ce titre ; les premières furent notées comme tenancières de maisons de rendez-vous, les secondes comme isolées inscrites ou non sur les contrôles de la préfecture.

Dépouillées de leur pseudo-profession, les premières furent obligées d'en choisir une autre, et c'est depuis ce temps que l'on voit des annonces de soins pour douleurs, de frictions, de traitement contre la neurasthésie, etc., etc. ; il est évident que contre les douleurs on peut employer les frictions et que de la friction à la flagellation il n'y a qu'un pas.

D'autre part, un certain nombre de ces professeurs femelles jugèrent plus prudent d'apprendre un peu d'anglais pour pouvoir se tirer d'affaire si la police intervenait de nouveau ; quelques-unes connaissant parfaitement cette langue se trouvèrent très en règle et d'autres ont jugé plus simple de renoncer à la nationalité anglaise et de s'intituler professeur de français ou de piano.

A côté des annonces de maîtres d'anglais, qui figurent aux petites annonces sous la rubrique : Cours et Leçons », des « Soins contre douleurs », et autres du même genre qui figurent aux demandes d'emplois, il y a encore un genre d'annonces très fréquemment employé et qui est le suivant :

Dame très sévère désire mariage monsieur aisé.

Dame, caractère violent et très autoritaire, désire mariage avec monsieur doux, aisé, etc.

Cela s'insère, bien entendu, à la rubrique : *Mariages.*

Pour indiquer d'une façon générale comment procèdent toutes ces dames, nous croyons utile de placer ici quelques anecdotes qui sont parvenues à notre connaissance.

A une annonce du genre de celles que nous avons citées, un monsieur répondit par la lettre suivante :

Madame,

Je viens de lire votre annonce et désirerais prendre quelques leçons avec vous. Je dois vous dire d'abord que j'ignore complètement l'anglais et que, par surcroît, j'ai l'esprit lourd, très peu de mémoire et suis fort paresseux, de sorte que, à moins d'être sévèrement puni, fouetté même comme un écolier, je ne fais aucun progrès. Plus la correction est humiliante, plus je la redoute et mieux je travaille. Je ne sais si c'est votre méthode d'enseignement; quoi qu'il en soit, je serais heureux d'avoir une réponse de vous me donnant vos conditions.

Croyez-moi, etc.

Par retour du courrier lui parvint la réponse suivante :

Monsieur,

Vous avez parfaitement fait de m'écrire avec cette franchise. Je suis très versée dans les méthodes d'enseignement et de discipline anglaises. Je viendrai très facilement à bout de vos dispositions nonchalantes et de votre paresse d'esprit. Vous pouvez vous préparer à subir les punitions les plus cinglantes et les plus humiliantes, et, si ma main ne suffit pas, je possède des verges et des martinets. Je vous attendrai demain entre deux et trois heures. Quant au tarif de mes leçons, mieux vaut nous entendre de vive voix.

Au jour et à l'heure fixés, le monsieur se présente ; il est reçu par une bonne et introduit dans une petite pièce où on le prie d'attendre quelques minutes. Peu après, la maîtresse elle-même entre : c'est une grande et belle femme brune, vêtue d'un peignoir bleu-pâle. Elle dit au nouveau-venu qu'elle est encore occupée avec un élève et lui demande d'attendre un quart d'heure. Celui-ci accepte, et la dame se retire.

Le visiteur examine la pièce où il se trouve : elle ne présente rien de particulier. Sur la table se trouvent quelques livres, une plume et de l'encre, bref, ce qui est nécessaire pour une leçon.

La porte par laquelle vient de sortir la maîtresse du logis est restée entr'ouverte et le visiteur en profite pour examiner la pièce attenante; c'est une salle à manger qui donne sur une chambre dont la porte est fermée.

A un certain moment, le visiteur croit entendre un bruit particulier, il écoute attentivement et distingue le son caractéristique de claques appliquées sur la chair nue, une voix suppliante, puis le bruit s'évanouit pour recommencer quelques minutes après.

Après une demi-heure d'attente, le visiteur entend ouvrir et fermer des portes, et finalement l'institutrice fait sa réapparition en s'excusant d'avoir fait attendre si longtemps son visiteur. Alors commence une conversation que nous reproduisons aussi fidèlement que possible :

« Je regrette beaucoup, monsieur, d'avoir été si longue; mais je finissais de donner une leçon.

— Qui doit vous avoir donné beaucoup de peine, madame, car vous semblez très excitée.

— C'est vrai, mon élève est stupide. Je lui donne toujours des leçons à apprendre chez lui et il revient chaque fois, sans jamais avoir fait ni appris quoi que ce soit. Aussi, je suis obligée de le punir et de lui donner le fouet, et je vous certifie que je ne le ménage pas.

— En vérité, mais quel âge a-t-il donc?

— Trente ans environ.

— Il me semble bien âgé pour être corrigé de cette façon; mais je suppose que vous ne le fouettez pas pour de bon : vous le frappez sur les mains ou par-dessus ses vêtements.

— Pas du tout; je le fouette réellement et pas par-dessus ses habits, soyez-en sûr.

— Est-ce possible?... Il m'avait en effet semblé entendre quelque chose à travers la porte entr'ouverte...

— Mais, monsieur, vous n'auriez pas dû écouter; vous êtes d'une indiscrétion impardonnable, et, pour vous punir, je vais vous infliger de suite la correction que vous méritez.

— Excusez-moi, madame, je vous prie; je n'ai pas écouté, mais entendu sans le vouloir...

— Pas un mot de plus, monsieur, vos excuses ne m'attendriront pas, venez par ici; je vais vous montrer comment on punit la curiosité. »

Saisissant alors son visiteur par l'oreille, la femme le pousse sans plus de cérémonie dans la chambre en face. Elle est meublée comme une salle d'école : un pupitre pour l'élève et pour la maîtresse; un martinet, des verges, une cravache et autres instruments de flagellation sont accrochés au mur.

Nous nous abstiendrons de raconter la scène qui suivit et renverrons nos lecteurs à l'une des anecdotes précédemment racontées, les choses se passant, en pareille circonstance, presque toujours de la même façon.

Nous avons dit plus haut que les annonces des pseudo-maîtresses d'anglais ne risquaient pas d'être confondues avec les annonces sérieuses. Il y eut pourtant quelques méprises assez amusantes.

Certaines personnes, désireuses d'apprendre la langue de Shakespèare, se mirent en rapport avec des personnes s'occupant de tout autre chose, et d'autres qui, au contraire, cherchaient seulement à s'amuser, se trouvèrent en présence d'une vieille institutrice anglaise pudibonde et revêche. Mais le plus piquant, c'est qu'il s'est trouvé de jeunes personnes capables de remplir à volonté, selon le cas, ou l'un ou l'autre rôle.

Nous tenons l'histoire suivante d'un honorable négociant, M. A..., que ses affaires obligèrent, à un moment donné, à faire un séjour de plusieurs mois en Angleterre.

Capable de traduire assez couramment l'anglais, M. A... n'était pas à même de le parler ou de comprendre une conversation courante. Il voulut donc, avant de partir, prendre quelques leçons de conversation. Dans ce but, il parcourut les petites annonces du *Journal*, et, s'arrêtant sur une annonce conçue en termes parfaitement corrects, il écrivit à la dame qui avait fait l'insertion lui demandant quelques détails. Mais, pour être certain de n'avoir pas affaire à une fausse maîtresse d'anglais, il spécifia qu'il désirait que la réponse fût faite en anglais. Par retour du courrier, cette réponse lui parvint, rédigée dans l'anglais le plus correct. Il fut au rendez-vous et trouva une jeune personne, aussi distinguée que gracieuse, avec laquelle il prit de suite un arrangement.

La leçon terminée, la dame, appelons-la Mme X..., lui demanda en souriant le motif pour lequel il avait voulu que la réponse à sa lettre fût rédigée en anglais, peut-être n'était-il pas très persuadé de sa capacité et craignait-il d'avoir affaire à un médiocre professeur ?

« Pas précisément, madame, mais je voulais être certain de m'adresser à un véritable professeur et non à une... comment dirai-je cela ? — car vous ignorez sans doute, madame, que beaucoup de dames, s'intitulant professeurs d'anglais, se livrent à un tout autre métier. »

Et M. A... continua, expliquant, dans un langage aussi gazé que possible, en quoi consistait la véritable profession de ces pseudo-professeurs. Mme X... rit de bon cœur et s'écria :

« Oh, si ce n'est que cela, moi aussi, je punis mes élèves quand ils le méritent ; mais la punition coûte cinq fois plus cher que la leçon. »

M. A... ne fut pas peu surpris. Néanmoins, il revint, et, volontairement ou non, prêta cette fois si peu d'attention à la leçon qu'il encourut les menaces de son professeur et ne protesta pas lorsque celle-ci les mit à exécution.

Mme X... était fort séduisante, et il faut croire que son système de châtiment n'était nullement déplaisant, car M. A... continua régulièrement ses leçons qui se terminèrent invariablement par une correction sur la nature de laquelle nous n'avons pas à donner d'explications.

Un jour, il demanda à sa maîtresse comment l'idée lui était venue de soumettre ses élèves à une pareille discipline. Elle le lui avoua franchement. Ayant passé plusieurs années comme professeur de français en Angleterre, elle essaya, à son retour en France, de trouver des leçons d'anglais à donner dans les pensions; n'en trouvant pas, elle fit quelques annonces dans différents journaux.

Parmi les réponses qu'elle reçut, plusieurs étaient rédigées en termes vagues dont le sens lui échappa. Plusieurs messieurs qui vinrent la voir parurent très embarrassés quand elle leur parla leçons et prix et qu'elle leur montra l'agenda où elle notait ses heures et ses jours disponibles; ils partirent, disant qu'ils reviendraient, mais elle ne les revit jamais. Elle se creusait en vain la tête pour savoir ce que cela signifiait, quand elle reçut une lettre rédigée en termes si crus que la lumière commença à se faire dans son esprit. Elle parcourut les petites annonces et, notant l'une qui lui parut bizarre, elle écrivit à l'adresse indiquée pour se renseigner, et demanda si la personne qui faisait l'annonce donnerait des leçons à une dame. Sa lettre était rédigée un peu à double entente, mais la réponse ne pouvait laisser subsister aucun doute : la signataire, en termes fort précis, l'invitait à venir, lui affirmant qu'elle était d'une inexorable sévérité et qu'elle saurait réprimer ses fautes, la corriger d'une main ferme, etc., etc.

Quoique déjà suffisamment édifiée, elle résolut d'aller jusqu'au bout et se rendit à l'adresse indiquée.

Elle fut reçue par deux dames : l'une d'âge mur, d'allures très dignes; l'autre beaucoup plus jeune. Après une conversation au cours de laquelle elle joua admirablement son rôle et qui lui fit connaître certains détails qu'elle ignorait, les deux femmes lui infligèrent à plusieurs reprises la punition réservée d'habitude aux toutes petites filles et apportèrent dans cet exercice une véritable virtuosité.

En quittant ces dames, Mlle X... était pleinement édifiée. Elle ne put s'empêcher de faire la remarque que ses leçons lui donnaient beaucoup de mal tout en lui rapportant à peine de quoi vivre et, involontairement, elle songea que le genre de leçon qui lui avait été donné était beaucoup plus lucratif. Dans cette disposition d'esprit, elle menaça un beau jour, en plaisantant, une grande jeune fille, à laquelle elle donnait des leçons, de la fouetter si elle n'était pas plus attentive; celle-ci, entrant en plein dans le jeu, la laissa tranquillement mettre sa menace à exécution. Enhardie par cette tentative, elle fit la même menace à un monsieur de ses élèves qui commettait toujours une faute qu'elle lui avait plusieurs fois signalée; ce dernier lui ayant simplement répondu qu'il y avait longtemps qu'elle aurait dû le corriger ainsi, Mme X..., franchissant le Rubicon, lui octroya la fessée promise. Bref, ayant procédé de même vis-à-vis de plusieurs élèves, n'agissant, bien entendu, qu'avec circonspection, elle arriva à gagner beaucoup et développa et conserva sa clientèle.

Il est à présumer que ce cas n'est pas isolé.

CHAPITRE XVIII

Les petites annonces et l'exploitation des mineures. — Fausses et vraies fillettes. — Le recrutement des mineures. — Parents infâmes. — Une nièce indisciplinée et un précepteur de bonne volonté. — Aux grands maux, les grands remèdes. — Une correction cuisante. — Les petites amies. — Précepteurs et petites annonces. — Gare au chantage.

Si les *Petites annonces* n'avaient pour résultat que de mettre en rapport des hommes avec des femmes ou des filles majeures, le mal ne serait pas bien grand, et c'est le cas de dire que chacun prend son plaisir où il le trouve. Mais les choses vont quelquefois plus loin : certains blasés, dans le but de se donner une illusion plus complète et une sensation plus vive recherchent de petites filles pour servir à leurs jeux. Nous avons vu plus haut que certaines femmes spéculent sur cette passion spéciale et en tirent profit. Ces individus s'adressent alors aux « professeurs d'anglais » en question qui, pourvu qu'ils y mettent le prix, leur procurent les fillettes demandées. Quand il faut une jeune fille de treize à quinze ou seize ans, la chose est facile : ces dames font venir une jeune femme de vingt ans, mince, on lui natte les cheveux, on l'habille en jupe courte et, sous ce costume, il est réellement difficile de dire s'il y a tricherie sur l'âge ;

beaucoup de femmes sont habituées à ces demi travestissements, et jouent leur rôle avec une telle perfection que l'amateur est persuadé qu'il a réellement eu affaire à une mineure. Mais souvent, d'abominables individus exigent du fruit encore plus vert et ce sont des fillettes de huit à dix ans qu'il s'agit de leur procurer. Le même subterfuge ne peut donc être employé, et alors on s'arrange pour leur procurer réellement ce qu'ils demandent. Dans ce monde interlope de femmes de ménage, de bonnes pour demi-mondaines, de marchandes à la toilette, d'usurières, de tireuses de cartes, de logeuses, etc., etc., il y a des rabatteuses pour tous les genres de gibier; si on connaît une femme pauvre, pas trop scrupuleuse, ayant une fillette de l'âge voulu, on la circonvient, on lui dit qu'elle pourrait gagner de l'argent en faisant voir sa fille à un monsieur qui veut s'amuser un peu, que la petite ne court aucun danger, qu'on n'y touchera pas, autrement que pour lui donner quelques claques sur le derrière, etc., etc.; bref, la malheureuse se laisse entraîner et prête son enfant et, comme il n'y a que le premier pas qui coûte, peu de temps après, c'est elle même qui, la première, vient demander à l'entremetteuse si elle n'a pas encore besoin de la petite!

Il est bon d'ajouter que quelquefois la petite fête se termine par une tentative de chantage dont la victime n'est pas plus intéressante que les auteurs. Passons.

Il y a quelque temps, la police faisait une descente dans une maison de rendez-vous, située dans le quartier de la Chaussée d'Antin et arrêtait, outre la tenancière, plusieurs pensionnaires de la maison parmi lesquelles une jeune femme d'une vingtaine d'années habillée en petite fille et deux ou trois mineures de douze à seize ans. On crut que ces fillettes étaient destinées à des amateurs de virginités; en réalité, elle n'étaient là que pour simuler une classe de filles et recevoir les verges d'habitués de la maison friands de ce genre de distractions.

Nous venons de dire qu'il existait des rabatteuses pour procurer des petites filles aux amateurs flagellants. Ces rabatteuses ne sont pas toujours nécessaires et certains parents infâmes ne se font pas scrupule d'offrir leurs enfants par la voie des petites annonces. Voici, par exemple, deux annonces que nous reproduisons textuellement :

— *On demande un précepteur énergique pour jeune garçon insubordonné.*

— *Veuve distinguée désire conseils pour l'éducation d'une jeune fille caractère très difficile.*

Renseignements pris, le garçon dont il est question dans la première annonce a quinze ans et a besoin d'être souvent et sévèrement fouetté, et comme sa mère n'a pas l'autorité suffisante pour le faire elle-même, elle cherche un monsieur respectable pour infliger le châtiment requis.

La seconde annonce est d'un genre plus fréquent et d'une nature encore plus caractéristique. L'anecdote suivante, rigoureusement véridique, édifiera pleinement à ce sujet.

En réponse à une annonce conçue dans les termes que nous avons relatés, un monsieur écrivit, disant qu'il était tout disposé à mettre son expérience au service de la dame qui sollicitait des conseils sur une question aussi délicate que l'éducation d'une jeune fille d'un caractère très difficile. La «veuve», qui avait fait l'annonce, répondit, que, parmi plusieurs lettres qu'elle avait reçues, celle de son correspondant lui avait paru surtout digne d'attention et, ajoutant que la consultation ne pourrait se faire par correspondance, elle fixait un rendez-vous.

Le monsieur n'eut garde de le manquer, et, le jour suivant, il rendait visite à la veuve. Mme J... Cette personne occupait, dans une maison de respectable apparence, un modeste appartement très bien tenu.

Elle-même paraissait assez distinguée et s'exprimait avec facilité. Sans autres préambules, la conversation s'engagea sur l'objet de l'annonce, et Mme J... exposa qu'elle était chargée de l'éducation d'une nièce dont les parents étaient à l'étranger, que la jeune fille en question était une enfant gâtée, mal élevée, très indépendante, ne voulait apprendre quoi que ce soit, ni même permettre à sa tante de l'éduquer un tant soit peu et que, par surcroît, elle n'acceptait ni conseils ni menaces!

Le monsieur commença par conseiller la privation de friandises, de dessert et même de toilettes ; mais il lui fut répondu que ces petits moyens de coercition n'avaient déjà produit aucun résultat; il conseilla alors quelques légères punitions manuelles, une ou deux gifles, par exemple; la dame répondit que sa nièce savait s'en garantir et que, par surcroît, elle ne faisait qu'en rire. « Dans ce cas, madame, continua le visiteur, aux grands maux les grands remèdes, et le dernier moyen que je puisse vous conseiller est de lui donner une bonne fessée la prochaine fois qu'elle la méritera. Je puis vous garantir qu'ensuite elle regardera à deux fois aux conséquences de ses actes d'insubordination. — Hélas, monsieur, répliqua Mme J..., jamais je ne pourrai en venir à bout moi-même : Suzanne (c'était le nom de la jeune fille) se débattra et je ne suis pas assez forte. — Mais madame, si je puis vous être de quelque utilité dans la circonstance, soyez certaine que je le ferai avec le plus grand plaisir. — Quoi, monsieur, vous seriez réellement assez aimable.....? » et ainsi de suite.

La proposition fut donc acceptée et l'on appela Suzanne. Quoique habillée en petite pensionnaire, c'était une gaillarde potelée à qui sa tante donnait quinze ans, mais qui en paraissait plutôt dix-huit ou vingt, malgré sa robe scandaleusement courte, tombant à peine au-dessous du genou, ses cheveux nattés et son tablier noir ; elle avait l'air d'ailleurs parfaitement effrontée.

« Eh ! bien, mademoiselle, lui dit le visiteur, c'est donc vrai que vous êtes très désobéissante, et que votre tante ne peut pas venir à bout de vous ?

— Qu'est-ce que cela peut vous faire ? répliqua impertinemment Suzanne.

— Cela me fait beaucoup, répondit le monsieur, car votre tante m'a demandé de vous punir sévèrement si vous continuez à vous conduire de cette façon. Et, pour commencer, vous allez demander pardon et promettre de ne plus recommencer.

— Je ne promettrai rien du tout, et d'abord ce n'est pas votre affaire.

— Si vous continuez, Suzanne, je vais être obligé de vous donner le fouet.

— Ah bien ! si vous croyez que j'ai peur de vous... »

Sur cette provocation, le monsieur se lève et s'empare de la jeune fille qui essaye de s'échapper et oppose une résistance réelle ou simulée ; elle est cependant bientôt maîtrisée, et, sans plus attendre, le monsieur met sa menace à exécution. Maintenant Suzanne entre ses jambes comme dans un étau, il lui relève sans cérémonie jupes et jupons et sa besogne est d'autant plus facilitée que la jeune fille ne porte pas le moindre pantalon. Son postérieur nu, aussi développé que celui d'une femme, et exposé en plein, reçoit quelques claques.

« Voulez-vous demander pardon ?

— Jamais ! !

— Vous ne voulez pas ? Parfait. Alors, tenez, tenez... » et ce disant, le monsieur continue à fouetter les globes charnus qui rougissent sous les cinglades.

Quant à Suzanne, elle ne cédait pas, mais continuait à proférer des impertinences et poussait des cris de fureur.

« Eh bien ! dit le monsieur, vous décidez-vous à demander pardon ?

— Jamais, espèce de vieille bête », fut la réponse.

A cette nouvelle insolence, le monsieur perdit pour tout de bon son sang-froid et se mit à fouetter le derrière de Suzanne beaucoup plus fort qu'avant, si bien que ses propres mains lui cuisirent. Aussi, Suzanne capitula-t-elle bien vite et hurla : « pardon ! assez, assez, laissez-moi ! Je ne recommencerai plus ! Assez, pardon, pardon ! »

Mais dans le feu de son excitation, le monsieur restait sourd à ses supplications et prolongeait la fessée, si bien que la jeune fille, se débattant, réussit, dans un effort désespéré, à se délivrer de l'étreinte de son bourreau et à se réfugier dans un coin de la pièce, tenant à deux mains son postérieur meurtri.

Pendant que Mme J... le remercie, le monsieur s'adressant à Suzanne lui dit d'une voix légèrement tremblante : « Je pense que vous saurez maintenant que l'on peut tout de même venir à bout des mauvaises têtes. » Transportée de fureur, Suzanne lui crie une grossière insulte ; à peine l'a-t-elle proférée, que le monsieur s'élance pour la saisir de nouveau, mais elle se roule à terre et s'efforce de lui donner des coups de pied, sans prendre garde aux nudités qu'elle expose ; malgré ses efforts, en quelques secondes, elle est jetée en travers des genoux de son dompteur qui lui inflige une seconde et sévère correction ; elle sanglote, crie, supplie, menace, promet de ne jamais recommencer, mais en vain, la main continue à s'abattre méthodiquement sur ses pauvres fesses devenues rouge brique ; la correction jugée suffisante, elle peut enfin s'échapper et court, en sanglotant, se cacher dans sa chambre.

En prenant congé, le monsieur eut le bon goût de laisser une pièce d'or sur le marbre de la cheminée et Mme J... ne fit aucune objection à sa générosité. Il renouvela sa visite et, à chaque fois, il eût à fouetter l'incorrigible jeune fille. Il faut ajouter que quelquefois Suzanne se trouva sortie; mais il y avait, comme par hasard, à la maison une de ses petites amies aussi mauvaise tête qu'elle et à laquelle le monsieur voulait bien appliquer le même traitement. Et il arriva même que deux jeunes filles se trouvèrent chez Suzanne en même temps que cette dernière; ces fois-là, le monsieur eût fort à faire et il laissa en partant trois pièces d'or sur la cheminée au lieu d'une..

Il n'y a pas que des femmes à user des petites annonces dans cet ordre d'idées; certains hommes y ont également recours et nous en avons déjà donné un exemple. Ces annonces sont de différentes sortes, selon le but poursuivi. Ou bien l'amateur ne veut avoir affaire qu'à une femme, ou bien il accepte d'avoir affaire à un homme, ou bien il veut jouer le rôle actif, ou il veut jouer le rôle passif.

Voici, au surplus, différents types d'annonces que nous avons relevées :

— *Monsieur distingué, bien physiquement, désire mariage dame autoritaire, désintéressée.*

— *Monsieur grand, brun, très autoritaire, désire mariage avec dame désintéressée.*

— *Monsieur, 25 ans, très sévère, donne leçons d'anglais à dame même âgée.*

— *Précepteur expérimenté demande élèves arriérés au caractère difficile.*

— *Professeur connaissant à fond pédagogie anglaise accepte élèves en retard.*

Comme on le voit, les messieurs qui font des annonces pour rencontrer une dame « autoritaire » ou, au contraire, « soumise », spécifient, en général, qu'elle doit joindre le désintéressement à la qualité requise ; nous avons tout lieu de supposer que ceux qui font ces sortes d'annonces en sont pour leurs frais, car le désintéressement n'est pas, en général, la vertu dominante chez les dames « autoritaires ». Quant aux précepteurs désintéressés demandant des élèves masculins, ils reçoivent un assez grand nombre de réponses parmi lesquelles ils n'ont que l'embarras du choix ; dans le tas, il y en a naturellement qui émanent de pédérastes, et ces petites aventures risquent de se terminer par une tentative de chantage. Avis aux curieux ou aux imprudents.

APPENDICE

La flagellation publique. — Brutalité des foules. — Mme Limouzin. — Un scandale au bal de l'Internat. — Femmes fouettées par des mineurs en grève. — Conclusion.

Par cette désignation, nous n'entendons point la fessée donnée à un enfant devant témoins; mais celle infligée à des adultes; c'est ainsi que, sous la Terreur, Théroigne de Méricourt fut publiquement fessée par les tricoteuses, que des religieuses furent fouettées par des dames de la halle, etc., etc.

De nos jours, ces événements sont rares, car ces exécutions sont l'apanage des foules en effervescence. Rien n'est plus stupide et plus dangereux que les foules: elles s'enthousiasment ou elles s'affolent sans motif et par contagion. Qu'un individu soit poursuivi, ceux qui le verront arrêter voudront l'écharper avant de savoir quel délit lui est reproché. Le fait a d'ailleurs été trop souvent constaté et commenté pour qu'il soit utile d'y revenir. La fessée publique est donc rare de nos jours; néanmoins, on peut citer des exemples : La femme Limouzin, morte récemment, et qui eut son heure de célébrité au moment du scandale des décorations, à la fin de la présidence de M. Grévy, voulut à cette époque battre monnaie avec sa célébrité et ouvrir un cabaret sur la rive gauche. Elle fut un jour reconnue près de l'Odéon par quelques étudiants et huée; elle voulut s'enfuir, mais une bande toujours grossissante la poursuivit, assez lâchement d'ailleurs, et l'atteignit bien vite. Une voix cria qu'il fallait la fouetter...; elle fut aussitôt saisie, troussée honteusement, et vingt mains s'abattirent sur elle; les gardiens de la paix arrivés au pas de course ne purent qu'interrompre la correction mais non l'empêcher, tant l'agression avait été soudaine.

Il nous faut relater aussi un incident plus scandaleux et réellement abominable, sur lequel on chercha à faire le silence à l'époque.

Le fait se passa à un bal de l'Internat, vers 1883, si nos souvenirs sont exacts. Ce bal, qui se donne annuellement à Bullier, à l'occasion du concours de l'Internat des hôpitaux, n'est pas public, mais ouvert aux seuls étudiants. Il était de tradition autrefois, et même encore maintenant, que dans ce bal la licence la plus absolue régnât en maîtresse, les femmes levant la jambe très haut, et, dépourvues du pantalon de rigueur, étalaient publiquement leurs charmes; certaines faisant voler leurs vêtements par-dessus leurs têtes, couraient dans ce costume pittoresque, mais léger, et quant aux hommes, leur tenue, pour un certain nombre, n'était pas beaucoup plus correcte, et il se dansait des quadrilles que la décence ne nous permet pas de décrire.

Cette fois-là, les obscénités habituelles se compliquèrent de violences; on voulut faire franchir une balustrade à certaines femmes; plusieurs s'y refusèrent, des injures s'échangèrent, puis des coups; plusieurs femmes saisies par des bandes de jeunes gens eurent leurs vêtements relevés et furent fouettées, aux grands éclats de rire de l'assistance; d'autres, qui avaient protesté, furent saisies à leur tour et subirent le même sort; certaines même qui étaient au bras d'un amant ou d'un camarade en furent arrachées de force et furent également fouettées; bref, ce fut dans toute la salle une poursuite ignoble par des bandes en rut; certaines femmes furent étendues sur des banquettes ou des tables, maîtrisées et durent subir cette ignominieuse opération désignée sous le nom de « la visite », en terme médico-policier. Il se trouva néanmoins un certain nombre de jeunes gens qui essayèrent de mettre un terme à ces turpitudes en frappant les agresseurs à grands coups de canne; le sang coula; enfin la police intervenant, les coupables s'esquivèrent en masse. Plusieurs femmes durent être soignées chez des pharmaciens; une qui était enceinte fit une fausse couche !

Le silence se fit autour de cette affaire. Seul, un journal socialiste, le *Cri du Peuple*, dénonça le scandale en termes indignés. Il y eut, paraît-il, un commencement d'enquête qui n'aboutit pas; mais, les années suivantes, des mesures sérieuses furent prises pour éviter le retour de pareils événements.

Lors des dernières grèves du Nord, les grévistes

semblèrent vouloir remettre en usage ces exécutions renouvelées de la Révolution. Dans différentes localités, des femmes de « jaunes », c'est-à-dire dont les maris avaient continué le travail et qui continuaient elles-mêmes à travailler à la mine furent, en rentrant chez elles, saisies par des grévistes, hommes et femmes, mises « le cul en l'air » pour nous servir de l'expression usitée par les exécuteurs eux-mêmes, et furent fouettées aux applaudissements d'une assistance ravie. Comme ces fessées s'étaient un peu trop fréquemment renouvelées, l'opinion publique s'en émut et l'affaire fut portée à la tribune de la Chambre. Un député socialiste prit même la chose assez gaiement et dit qu'il n'était pas nécessaire de faire tant de bruit, parce que trois ou quatre femmes avaient reçu quelques claques sur les fesses!

. . . .

CONCLUSION

Arrivés au terme de l'étude un peu délicate que nous avions entreprise, nous remercions nos lecteurs d'avoir bien voulu nous suivre jusqu'au bout ; ils auront pu reconnaître que nous avons fait un livre sincère et dégagé de toute considération fantaisiste. Nous aurions pu développer davantage le côté anecdotique déjà raisonnablement étendu, mais nous tenions à conserver à notre ouvrage le caractère philosophique et scientifique, pourrions-nous dire, qui était sa raison d'être. Nous voulions examiner un état de choses, un coin de nos mœurs, et nous pensons avoir donné toute satisfaction à ceux qui se sont intéressés à notre tentative.

Notre conclusion n'aura, bien entendu, rien d'absolu : nous avions à considérer la flagellation comme simple moyen de discipline domestique et au point de vue passionnel ; nous avons pu voir qu'elle tendait, sur le premier point, à disparaître de nos mœurs, mais que, sur le second point, elle s'y ancrait davantage. Mœurs d'exception, dira-t-on ? Sans doute, mais l'adultère aussi est un cas exceptionnel, et cependant, que d'accrocs donnés chaque jour à la fidélité conjugale ! Exception, évidemment, minorité infime, si l'on veut, mais nullement négligeable, et qui justifie parfaitement le travail que nous avons cru devoir lui consacrer.

TABLE DES MATIERES

DEUXIÈME PARTIE

La Flagellation à l'école.

TROISIÈME PARTIE

La Passion du fouet chez les enfants,

QUATRIÈME PARTIE

La Flagellation dans la débauche.

Paris. — E. KAPP, imprimeur, 83, rue du Bac.

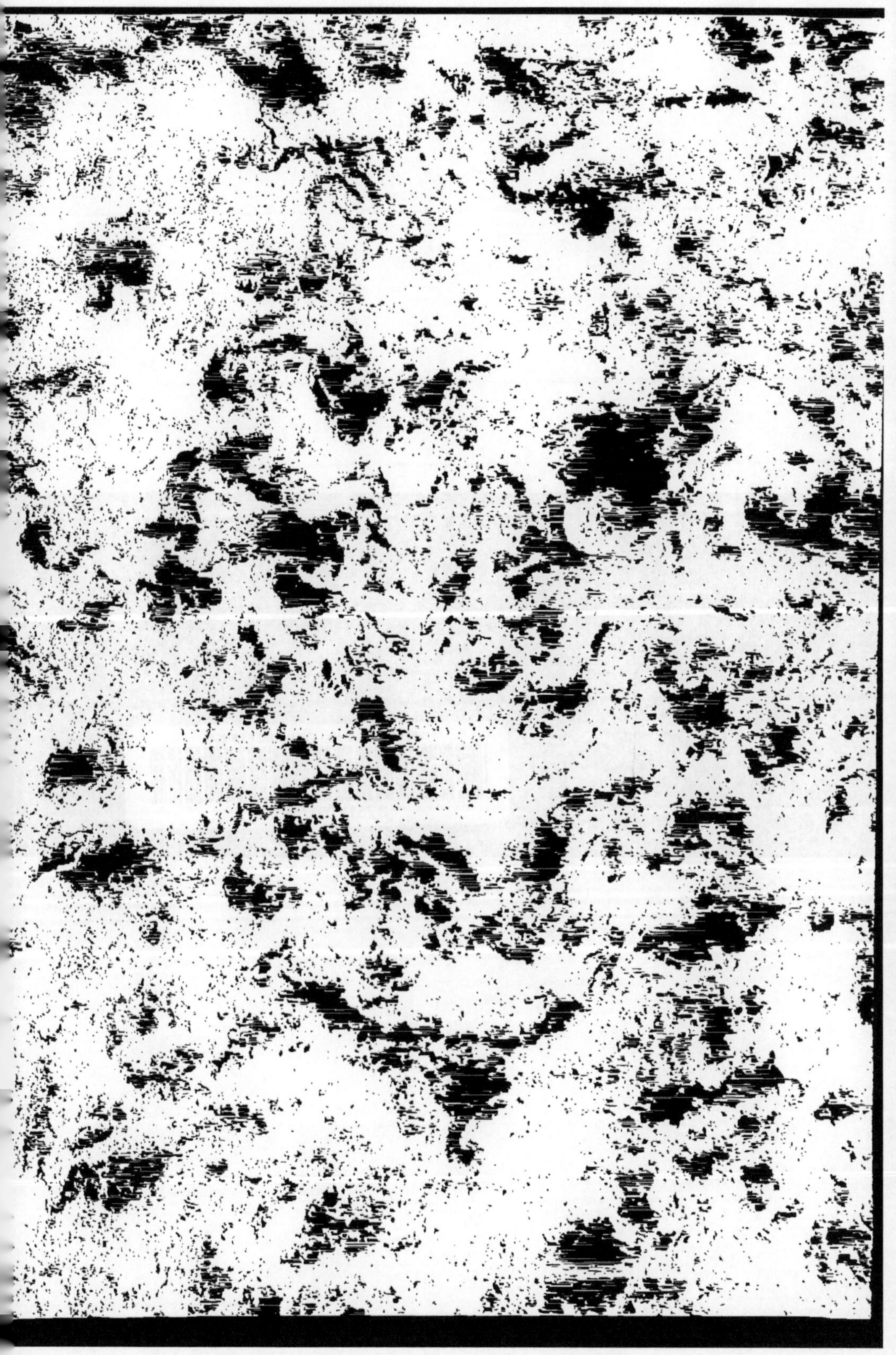

BIBLIOTHEQUE NATIONALE DE FRANCE
3 7511 00175833 6

www.ingramcontent.com/pod-product-compliance
Ingram Content Group UK Ltd.
Pitfield, Milton Keynes, MK11 3LW, UK
UKHW021044200726
13857UKWH00003B/814